つながり合って生きる

——公募エッセー「絆」から

道友社編

天理教道友社

つながり合って生きる

目次

（筆者の職業と年齢は、平成二十一年一月現在のものです）

おじいちゃんと里子たちと夏の空

白熊《しらくま》繁一《しげかず》
教会長・51歳・東京都板橋《いたばし》区

真っ青な夏の空に、亡き父・前会長の笑顔が浮かぶ。地球温暖化にヒートアイランド現象が加わり、ここ数年の都会の暑さはただごとではない。

やはり暑かった昨年の夏、前会長は静かに出直した。折しもわが教会は、教職舎普請の真っ最中だった。

私たち夫婦は平成十五年から里親をしている。当時三歳だった正夫《まさお》（仮名）を最初の里子として受諾し、里親生活が始まった。

前会長は正夫をとてもかわいがり、その成長を楽しみにしていた。おたすけの合間を見つけては虫捕《と》りに行ったり、夏休みには、二人で朝早くからラジオ体操に通ったりしていた。

正夫が鳴物《なりもの》を覚え、ハッピを着ておつとめを勤めるようになると、はちきれんばかりの笑顔で「上手《じょうず》にできたなあ、かしこいなあ」と正夫を褒《ほ》め、いとおしそうに頭をなでた。

昨年の春すぎのことだ。旧教職舎が解体され、木の香《か》漂う新しい教職舎の棟《むね》が上がったころ、前会長が食欲不振を訴えた。

診断の結果は末期の胃がん。医師から呼ばれたのは私で、「いま生きていることさえ不思議なくらい」と深刻な説明を受け、即刻入院となった。

私は、思いもかけぬ立て合いに狼狽《ろうばい》した。日常の教会活動に、普請現場での打ち合わせ。これに、病院でのおさづけ取り次ぎが加わり、夜も深まってからお願いづとめをさせていただくという緊迫した日々を過ごした。

一方、前会長は、入院後はすこぶる元気を取り戻し、朝早くからベッドの上でおつとめを勤めた。三度の食事もきれいに平らげ、看護師さんたちをねぎらった。普請に関しては、「わしは今日《きょう》まで一生懸命この道を通らせてもらった。でも、その中、使わんでいい心もずいぶん使《つこ》うてきたように思う。教会が新しくなるときに、神様がその心を掃除せいとおっしゃっているのや。ありがたい普請や、ありがたい身上や」と私に話してくれた。

正夫にとって、大好きなおじいちゃんの入院は、たまらなく寂しかったのだろう。病院にいるおじいちゃんに毎日、手紙や絵をかき、おさづけに通う私にそれを託した。前会長は、そのお土産《みやげ》をことのほか喜び、私が訪ねるのを首を長くして待っていた。

枕元《まくらもと》に徐々に増えていく手紙や絵に気づいた看護師さんが、ある日、そのすべてをベッドの周りに飾ってくれた。前会長は「楽しいベッドや。正夫のおかげで元気になるわ」と満面に笑みをたたえていた。

当初、「生きていることさえ不思議」と担当医から聞かされていた、あの迫りくる病状はどこへいったのか。あまりに快調そうな様子に、病院から自宅療養の許可が下りた。

教会へ戻った前会長は、朝夕のおつとめの音が聞こえることを何よりも喜び、普請の槌音《つちおと》を楽しんだ。

正夫もおじいちゃんの帰宅がうれしくて、頻繁《ひんぱん》に病室をのぞき、ベッドの横に座り、いつまでも話をした。前会長は、そんな正夫の手を握り、「おまえはわしの命の恩人や。正夫が来てくれると、おじいちゃんは元気になるわ」と語りかけた。正夫はその言葉がなおもうれしく、足しげく病室へ通った。

その光景がまぶしく尊く見えた。間もなく、その身上をお返しするかもしれない前会長と、この出会いがなければ孤独であったかもしれない正夫。その命と命がたすけ合いをしている……。二人の姿に、不思議な絆《きずな》に結ばれた世界を垣間《かいま》見て、ひそかに胸を熱くした。

八月末、往診医から「データ上、体の中は逼迫《ひっぱく》した状態にある。普通に生活していることが不思議でならない」との話があった。私は前会長に、今日までの数々の導きに対して、涙でぐしょぐしょになりながらお礼の言葉を述べた。前会長は「もう何も言うことはない。結構やった、頼むで」と言い、ベッドから手を出し私と握手をした。数日後、こわばった背中をさする母に「ありがとう、寝るわ」と最後の言葉をかけ、静かに永遠《とわ》の眠りについた。見事な出直しだった。

その間際、「少しでも早く普請の竣工《しゅんこう》を」と奮闘してくださった大工さんたちへ、「そんなに急がんでもいい。新しい建物には元気な体がふさわしい。また新しい体をお借りしてから、たっぷり使わせてもらうわ」との伝言も忘れなかった。

正夫にとって前会長の出直しは、計り知れないくらい衝撃的な出来事だった。しかし、身上から出直しに至る場面を共に過ごし、ひと回り大きくなったように感じた。

大好きなおじいちゃんから「おまえはわしの命の恩人や」と、シャワーを浴びるようにうれしく深い言葉を聞かされた正夫の心には、目に見えない大きな宝物が与わったに違いない。

あるとき、一緒にお風呂に入っていた正夫が突然「僕、大きくなったら〝前会長さん〟になる！」と宣言した。訳を聞くと「おじいちゃんはすごいよ。病院にもおうちにも、お葬式にもたくさんの人が来たよね。おじいちゃんは、あんなに大勢の人に好かれていたんだよ。すごいよ。だから僕もね、おじいちゃんみたいな〝前会長さん〟になるんだ」と言った。

「〝前会長さん〟になる前に、〝会長さん〟にならんか？」と尋ねると、「会長さんはお父さんでしょ？　頑張ってやりなよ」と言われてしまった。笑いながらも涙が止まらなかった。

いまになって私は気づいたのである。前会長が出直す直前まで正夫に語りかけていたのは、前会長の最後のにをいがけ、それも命がけのにをいがけではなかったかと。

正夫の成長した姿に、前会長の大きな思いを感じ、前会長の温かい育《はぐく》みの応援を受けて、こんなにも太く確かな絆が結べたことに、あらためて感謝している。

私たちの里親活動の発端は、教祖《おやさま》百二十年祭に向かう旬、『諭達第二号』をご発布くだされた年にさかのぼる。

諭達を拝聴しながら「世界たすけ」という言葉が心に響き、かねて夫婦で話し合っていた里親をさせてもらおうと心を定めた。早速、申請に取りかかり、認定が下りると同時に正夫の養育依頼を受けた。

正夫に会いに何度か施設へ通い、互いに心の距離を縮めた後、やがて一泊の外泊日を迎えた。施設からは「もし外泊中に何の問題もなかったら、そのまま養育に入ってもらいたい」と言われていた。

正夫を教会に迎える前夜、ふと「正夫は私たちのところへ帰ってくるのだ」という思いが心に浮かんだ。私は祖霊《みたま》様のお社《やしろ》の中にある台帳に目を通した。

五代目の教会長である私にとって、台帳には知らない名前も数多くあった。前会長に、その一人ひとりの身の上について尋ねた。この道の信仰につきながらも孤独の中で出直していかれた方、戦争で命を落とした方、幼くして亡くなった方……。初めて知る世界がそこにあった。そして私は確信した。正夫はきっと教会へ帰ってくる子供、帰ってくる魂なのだと――。

里親と里子は、児童相談所という機関が仲立ちをして縁が結ばれる。しかし見えない世界では、きっと何か深い縁《えにし》があるはずだ。明日は「こんにちは」ではなく、「おかえり」と言って正夫を迎えよう。そう夫婦で心に決めた。

翌日、施設へ迎えに行くと、すでに私たちとは十分親しくなり、姿を見つけると駆け寄ってくるはずの正夫が、なぜか保育士さんにしがみついて泣きわめき、離れようとしない。

保育士さんは「正夫くんは、こんなに力が強かったのね。いい？　この力でね、いっぱい幸せをつかむのよ」と語りかけ、ぎゅっと彼を抱きしめたかと思うと、

「いくわよ」と私に言い、力ずくで引き離した正夫を私の胸に抱かせた。そして彼女は大粒の涙を流しながら、大急ぎで部屋から出て行った。家内と私は正夫を抱きしめ、三人で声をあげて泣いた。

やがて泣き疲れた正夫を車に乗せ、教会へ向かった。約束した通り、家内とともに正夫を「おかえり」と抱きしめた。そして「今日から僕がお父さんだよ」「私がお母さんよ」「みんなで幸せをいっぱいつくろうね」と正夫に語りかけた。そのとき、とても不思議なことに、正夫が「うれちい」と叫んだ。その言葉が魂の叫びのように感じ、私は震えた。

正夫がその日着ていたのは、施設にいるときとは全く違う、よそ行きの服。しかし、服や帽子、靴、下着など、身につけているものはすべて洗って返却することになっていた。

施設から手渡された小さなビニール袋には、今日使う分の紙おむつ二枚、保育士さんからの贈り物のパンツが二枚、三歳の誕生日にプレゼントされたおもちゃのブロック。これが正夫の全財産だった。

彼の小さな背中にのしかかる、あまりにも大きな人生の重荷と、その全財産の小ささの対比に、私は愕然《がくぜん》とし、袋を受け取った体が揺らいだ。

「これっぽっちの全財産に負けてたまるか！　たくさん幸せをつくるんだ！」という思いが込み上げてきた。

その日以来、正夫は一度も施設に戻ることなく、いまでは元気いっぱいの小学三年生だ。

正夫の後にも、三歳の女の子を短期間、高校生の夏子《なつこ》（仮名）を一年間、受託養育した。いずれも、目に見えない絆を見つめながら「おかえり」と迎えた。

夏子は難しい年ごろで、かなり手を焼いたが、前会長は彼女の奇抜な格好やしぐさ、言葉にも頓着《とんちゃく》なく接した。夏子は教会生活を終え、以前暮らしていたカトリックの施設へ戻った。

それから一年が過ぎた今年の春先、施設から「夏子さんが『ハル・ガ・ク・に参加したい』と言っているが、ハルガクとは何か?」という問い合わせの電話が入った。「春の学生おぢばがえり」の詳細を説明すると、やがて先方から参加させてほしいとの連絡が入った。「おかえり」と迎えた子供との絆が切れていなかったことが、たまらなくうれしかった。

夏子はこの春に初席を運び、私たちには里子を〝理の子〟として育てていく新たな楽しみができた。以来、夏子はちょくちょく教会へ帰ってくる。

同じころ、私たちは二歳の歩人《あゆと》(仮名)を「おかえり」と迎えた。前会長を亡くしたばかりの母のひざにちょこんと座り、「おばあちゃん」と甘える歩人の姿に、親神様が結ばれた絆に引き寄せられて帰ってきたのだと実感する。

夏の青空を見上げると、前会長のにこやかな顔が浮かぶ。細く、弱そうな一本一本の絆のつながりを喜び、やがて太く大きく、確かなものへと成長していくことを楽しんでいるであろう、そんな笑顔だ。

家族

伴《ばん》　芳乃《よしの》
高校生・17歳・天理市

私の家族は父、母、兄、私、弟の五人です。十七年前に私が生まれてから、いままで育ててくれた両親にはとても感謝しています。

この間、たくさんの出来事があり、そのたびに、家族に支えてもらいながら成長してきました。

私が、家族の大切さを一番実感したのは、いまから八年前、小学四年生のときです。

学校が大好きで、友達に会うのがうれしくて、毎日学校へ行くのがとても楽しみでした。

ある日、登校すると、自分の下駄《げた》箱に上靴が片方しか入っていなかったのです。

「あれ？　どっかに落ちたんかな？」

最初はそんなふうにしか考えてなくて、周りを見渡してみたり、ほかの下駄箱を捜してみたりしましたが、やっぱりないのです。

「何でやろ？」

いろいろなことを考えながら、靴下のまま職員室へ走って行きました。

「先生！　上靴が片方ないんです」

と言うと、先生は、

「えっ？　昨日《きのう》持って帰ってないか？　ちゃんと捜したか？」

と言いながら、一緒に捜してくれました。

「あっ、あった……」

上靴は、ごみ箱から出てきました。すごくショックでした。

「何でやろ？　誰《だれ》かに悪いことしたかな？」

小学生なりにいろいろと考えました。教室に入るのが怖くて、不安で胸が押しつぶされそうでした。

家に帰って、家族にそのことを話しました。みんな一緒に悲しみ、苦しみ、悩んでくれました。両親は、私以上につらい思いをしたことでしょう。

次の日も、また次の日も、嫌《いや》がらせは続きました。先生や友達、兄や弟も、毎朝一緒に捜してくれました。掃除箱や傘立てなど、上靴は毎日いろいろなところで見つかりました。

そんななかも、家族はいつも優しく接してくれ、私は家族の温かさをあらためて実感しました。

特に、母はこう言って私を励まし、元気づけてくれました。

「隠されてるのが芳乃の靴でよかったなあ。自分がされるのもつらいけれど、友達の靴やったら、その友達はもっとつらい思いをしてたかもしれへんし、そんな友達を見るのもつらいと思うよ。芳乃はこんなことされて、苦しみが分かるやろ？　だから友達には絶対したらあかんって思うやろ？　人にされて嫌なことは、絶対に人にしたらあかんよ」

「芳乃もつらいけど、やってる子も何かつらいことがあるんやろうなあ。きっと、こんなことするのもつらいと思うよ」

母の言葉が、私を強くしてくれました。

父も母も〝犯人捜し〟をするわけでなく、私の前では決して不安な顔ひとつ見せず、いつも笑顔で一緒に考えてくれました。

いつしか私は、笑顔で学校へ行けるようになり、毎日の上靴を捜す時間は、みんなに支えられているんだと実感する時間に変わりました。

振り返れば、毎日一緒に捜してくれた人への「ありがとう」のひと言から一日が始まる、素晴らしい日々だったんだなと思います。

そんなことが続いたある日、学校へ行くと、私の下駄箱に上靴がちゃんと入っていました。

「あっ、ある！　下駄箱に上靴が入ってる!!」

「先生！　下駄箱に上靴入ってました！」

久しぶりに上靴を履《は》いて、職員室へ走って行きました。


下駄箱に上靴が入っているという当たり前のことが、あんなにうれしいと思ったことはありませんでした。

あのとき、先生も友達も家族も、みんな自分のことのようにすごく喜んでくれました。あんなに苦しい日々を乗り越えられたのも、苦しみを喜びに変えることができたのも、先生や友達、そして何より、家族がいつも支えてくれたからです。

学校へ行きたくないと思った日もありました。そんなとき、「教室まで一緒に行ってあげるから」と連れて行ってくれた兄。

学校へ行っても、毎日のように熱が出て早退する日が続いたとき、いつも自転車で迎えに来てくれた母。

毎日ケンカの相手をしてくれた弟。

公立の小学校から天理中学校を受験すると決めた私に、仕事から帰ってきた後、毎晩のように勉強を教えてくれた父。

この十七年間、たくさんの節を見せていただき、そのたびに家族に支えられながら、みんなで乗り越えてきました。家族がいるから今の自分がここにいるのだと、あらためて感じます。

両親は毎朝、登校時間になると必ず窓や玄関から「行ってらっしゃい」と手を振って見送ってくれました。参観日や運動会、音楽会などの学校行事には必ず来てくれました。

幼いころから小柄で、身長順に並ぶと、常に一番前だった私をすごく心配してい

たようです。でも、私の前ではそんな顔は見せずに、

「一番前にいるから、ビデオ撮影がしやすくていいわあ」

と言って喜んでくれました。

両親は、私たちきょうだいの前でケンカをしたことがありません。

それに、家族の誰かが身上を頂いたときには、必ず父か母がおさづけを取り次いでくれて、家族全員で添い願いをします。

小学五年生のとき、ストーブの上に載っていたやかんのお湯が両足にかかって、大やけどを負ったことがありました。そのときも、父が真っ先におさづけを取り次いでくれました。

私は自分の家族を誇りに思います。父と母の子供として生まれたことを、誇りに思います。

いつしか私も、

「こんな家庭を築きたい。父と母と同じ道を歩みたい」

と思い、両親の母校である天理高校第二部（定時制）へ進むことにしました。親元を離れての寮生活で、あらためて親のありがたさ、家族の大切さに気づかせていただきました。

この十七年間、たくさん迷惑や心配をかけてしまいました。そんな私を、いつも温かく見守ってくれた両親に感謝の気持ちでいっぱいです。

お父さんとお母さんの娘で本当に幸せです。

私を産んでくれてありがとう。

「と・も・だ・ち」

窪田《くぼた》りか
教会長夫人・45歳・奈良県御所《ごせ》市

毎朝、大きなランドセルを背負って元気に登校しているピカピカの一年生の善《ぜん》。七人兄弟姉妹《きょうだい》の真ん中で、大家族の厳しい生存競争のなか、周りの温かい親心に包まれて、たくましく、優しい子に育っています。

生まれたとき「ダウン症」と診断され、生後六カ月で心臓の手術も受けました。これからどうなっていくのか、大きくなってくれるのかと、いつも心配ばかりしていたのに、いつの間にか、ほかの兄弟姉妹と同じように元気に育ってくれています。

善が成長するなかで大切な役割を果たしたのが、ほかの兄弟姉妹はもちろん、たくさんの友達でした。

子供たちの優しい心がうれしく、その素直な心に何度もたすけてもらいました。


善が保育園に通っていたころのことです。

保育園では虫歯予防のため、食後にフッ素のうがいをするのですが、善は自分でうがいをして「ペッ」と吐《は》き出すことができなかったのです。家で練習してもなかなかうまくいかず、どうしたものかと悩んでいました。

そんなある日、いつものように迎えに行くと、担任の先生が、

「お母さん、今日《きょう》、一人でうがいができましたよ」

と走って来《こ》られました。

ほかの先生方も次々と、

「良かったですね、うがいができるようになって」

と声をかけてくださり、ほかの子供たちも私の顔を見るなり、

「きょう、ぜんくん、ひとりでペッってできたんやで。これからいっしょにうがいできるな」

と、うれしそうに話してくれました。

聞けば、善のうがいができた瞬間、

「わー、できた!」

とクラスのみんなが大騒ぎをして、先生も職員室まで走って報告に行き、保育園中が大喜びしたそうです。

たった一人のうがいに、友達や先生方がみんな喜んでくれたのは、いつも温かく見守って応援してくれていたからでしょう。

その夜、善はうがいができるようになったことを家族みんなに自慢して、服がビチョビチョになるくらい実演してくれました。みんなの喜ぶ姿が、本当にうれしかったのだと思います。

これがきっかけで、善は友達と同じような生活をしたいと思うようになったのか、友達の姿を追いながら見つめるようになりました。でも、どうしてもついていけなくて、遅れてしまうことがあります。

そんなとき、友達がさりげなく手を貸してくれるのです。いつも誰《だれ》かが善のことを気にかけ、手助けする関係が自然にできていました。

善がお休みすると、子供たちから、

「きょうはぜんくん、どうしたん？　あしたはこれる？」

と心配して声をかけてくれます。

また、言葉を発することがあまりできなかったころ、担任の先生が、

「今日、伝言ゲームをしたら、善君もちゃんと伝えることができたんですよ。私には伝わらないことでも、子供たちには分かるんですねえ」

と話してくださいました。子供同士のコミュニケーションの力はすごいなあと、感心させられました。

こんなに優しい友達と一緒なら大丈夫と、善を地元の小学校へ入学させることに決めたのです。

入学後も、善の友達の手助けは、本当にうれしいことばかりです。

善がちょっと遅刻して校門でぐずぐずしていると、それを見つけた子供たちが飛んできて、

「ぜんくん、はやくいこう」

と手を引っ張って教室へ連れて行ってくれます。善も友達が来ると、うれしそうについて行くのです。

あるとき、善の友達からこんな手紙をもらいました。

「きのう、ぜんくんといっしょにおトイレにいったとき、みんなのスリッパをそろえていました。ぜんくんは、かしこいとおもいました。わたしもまねしよっと」

私たちが知らなかった善の姿を、いつも近くにいるからこそ見つけて教えてくれ

たのでしょう。

そんな善が、小学校で初めて覚えた言葉は「ともだち」でした。片言でしたが、
はっきりと、

「と・も・だ・ち」

と言えました。

町で子供たちが、

「ぜんくん」

と声をかけてくれると、善は私に、

「ぜんのともだち」

と教えてくれます。

善にとって、いま一番身近で大切な存在が友達なのでしょう。そのおかげで、毎日楽しい学校生活を送っています。

この間《あいだ》、運動会がありました。そこには手伝おうとする先生の手を振りきって、

「と・も・だ・ち」

一人で躍動する善の姿がありました。

でも、一人ではありません。そばには大好きな友達がいます。遅れると、そっと差し伸べてたすけてくれる、優しい小さな手があります。男の子だったり女の子だったり、お兄ちゃんだったりお姉ちゃんだったり。その手を見るたびに、うれしくて涙がこぼれました。

いま、善と私にとって、「と・も・だ・ち」は一番ステキで優しい言葉です。この言葉が永遠に広がっていくことを願っています。

文通

太田《おおた》愛子《あいこ》
無職・86歳・滋賀県栗東市《りっとうし》

受話器の向こうから「姉、交通事故」との知らせに、一瞬耳を疑うような心境でしたが、まさしく現実の事態でした。家族に駅まで見送られ車中の人となり、一刻も早く姉に会いたいとの思いで一番前の車両まで無我夢中で急いだことを、ついこの間のことのように思い出し、苦笑しています。

日はとっぷり暮れ、小さな田舎《いなか》の駅は人影もまばらで、バスの時刻表を見れば小一時間待ち。タクシーを頼むべく辺《あた》りをきょろきょろと見回していると、暗闇《くらやみ》の中から車がすーっと近づいてきて、中年のご婦人が声をかけてくださいました。訳を話すと、「病院までお送りしますから、どうぞ」とのこと。あのときの感激を思い出し、いままた新たに感無量でございます。

別れ際に名刺を頂きましたので、後日、お礼に手作りの這《は》い這い人形をお送りしました。その人形がたまたまお嬢さんのお気に召したようで、「娘が文通したいと申しますので、お願いできましょうか?」との手紙に、即、お引き受けさせていただきました。

彼女の手紙はとても優しくて、どことなくあどけなさも窺《うかが》われ、老いの私をわくわくさせてくれました。私も七十歳ばかり遡《さかのぼ》った気分で童心に帰り、たわいない文を書き連ねていたように思います。時々自作の詩や絵手紙も交えて楽しんでおりました。

二年ばかりたったころ、もうぼつぼつ進学か、受験をされるころかな? と思い、そーっと伺うような手紙を出しました。その返信が意外や意外、彼女は二十代後半の未亡人でした。常日ごろ、何を予測しても的中したことのない私ですが、このたびの的外れには我《われ》ながら唖然《あぜん》としました。

彼女は結婚後一年三カ月にしてご主人が急死され、そのショックで心の煩《わずら》いとなられたようです。このことは後日、お母さまからの便りで知りました。文通を始めたころは、苦しみのさなかであったようです。何を考えることも、なすこともできなかった彼女が手紙を書き始められたのは、とても意外だったそうです。いつの手紙にも心根の優しさが感じられましたので、私は、彼女がそんな大きな苦しみを抱えていようとは思いもしませんでした。

それまでは手紙のキャッチボールを楽しんでいましたが、そのことを知ってからは、お互いに手紙の内容が暗く沈みがちになりました。彼女の手紙は、最初は甘く楽しい思い出が鮮明につづられてありますが、後半になると悲しみに変わり、惨《みじ》めなものとなりました。亡夫への恋慕の情で埋めつくされた手紙を、私は涙にかすむ目で、何度も読み返していました。

結婚後五年六カ月で夫に先立たれ、二児を抱えて途方に暮れながら歩んだ遠い昔のわが思い出と重ねて、彼女の心痛を察するときの気持ちは、到底筆舌に尽くせません。文通の回数もますます繁《しげ》くなりました。

一途《いちず》に亡夫を恋われる彼女に慰めの言葉もなく、「うん、分かる分かる。思いっきり泣いてね」などと認《したた》めるのみでした。


月日は流れ、また二年ばかりたちました。お母さまからの手紙に、「娘はいつも、あなたからの手紙を恋人のように抱きしめて喜んでいます。あなたの名を口にしない日は一日もありません。先日ふと、『ぼつぼつ就職口を探そうかな』と、独り言のように漏らしておりました」と。その便りに、またもやほろり……。

彼女はその後間もなく就職され、二、三回転職されましたが、いまの会社に落ち着かれて、もう一年余りになります。文通はいまなお続いています。楽しく懐かしい思い出のあとに、寂しさ、やるせなさ……。彼女の手紙には、いつも涙がにじんでいるようです。

これまでに何回か、男の人からデートのお誘いを受けながら、その都度、純真な彼女は亡夫に対する気持ちを率直に語られるようで、結果は前進することなく無に帰しました。つまり、結婚の意思が湧《わ》かなかったのでしょうか?

昨年の秋ごろ、人を介して縁談が持ち上がりました。日ごろから彼女の将来を考えるあまり、再婚されることを陰ながら念じていましたが、お母さまの胸中は私以上のものであろうと思っています。できれば良き方にと、話の進展を祈っておりました私は、とうとう老婆心《ろうばしん》を表に出しました。「お見合いの席で先方さまが気を悪くしないよう、亡き人のことを口にしないように気をつけてね」と。

いよいよ当日、結果はいかがなりましたやら……。

いままでと全く変わらぬ出会いであったようです。このようなお方を底抜けの潔《けっ》癖《ぺき》性と言うのでしょうか?

しかし、それにもかかわらず、再度デートのお誘いが来ました。そのとき彼は、「いろいろと正直に話してくれてありがとう。今日《きょう》の巡り会いを大切にし、すべてを僕の心にしっかりと受け止めて、いつの日か共に喜び合える家庭を築きたいなあ……」と。この言葉を耳にした途端に、心の内がすうっと軽くなったように感じられたそうです。このようなうれしい便りのその末尾に、またまた「○○（亡夫の名）が焼き餅《もち》焼かないかなあ」と書かれていました。

今春、七回忌を無事に営まれました。このたびの縁談は、心やさしい彼女に神様からのご褒美《ほうび》でしょうか？　ひたすらに慕い続けられた彼からのプレゼントでしょうか？　心の痛手を癒《い》やしてくださるであろう良き伴侶《はんりょ》に巡り会い、来《きた》る十二月七日、挙式の運びとなりました。

最近の便りに、「長い間勤め続けた大切な会社を退職してまで私を見守ってくれた母、そしてたくさんの温かい手紙で支えてくれた愛子おばあちゃん、ありがとう。

感謝の心を忘れずに、彼の手を握りしめ、太陽に向かって歩きます。結婚式には私の祖母として出席お願いします」と認められていました。

涙の多い仲良し二人。これからは、うれし涙があふれることと思っています。

家族のつながり

池口《いけぐち》奈奈恵《ななえ》
教会長夫人・33歳・三重県南伊勢町《みなみいせちょう》

私のばあちゃんは、いまの教会で二十七年間、その後、上級教会で十五年間、会長夫人として務めました。じいちゃんが出直してからは自教会へ戻り、私たちみんなと暮らしています。

ばあちゃんは、老化とともに足腰が弱くなり、身の回りの世話は母がしています。ばあちゃんは、厳しく、シャキシャキの人であったため、自分の体が思い通りにならないことに時々腹を立て、母に当たります。母も、時にはムッとすることもありますが、母には、ばあちゃんの人生の手助けをさせてもらいたいという、強い思いがあります。

ばあちゃんはカラオケが好きで、デイサービスで歌います。母は、ばあちゃんが上手《じょうず》に歌えるようにと、歌詞が読めるように大きな字で歌詞カードを書いてあげたり、一緒にパッチワークやビーズ細工をしたりして過ごしています。

神様の御用で家をあけるときにも、母は常にばあちゃんのことが頭の片隅にあります。ばあちゃんも母がいないと不安なのか、出かける前に「明代《あきよ》ちゃん、いつ帰ってくるん？」と、子どものように駄々《だだ》をこねたりしています。私は、そんなばあちゃんと母の姿を見ながら、本当の親子のように信頼関係ができているなあと思うと同時に、母がばあちゃんのためにしていることは私には到底まねできないと、母を尊敬しています。

ある日、私の長男（五歳）と二男（三歳）が、母に「おっきいばあちゃんにご飯持って行く」と言って、長男はご飯を乗せたトレーを、二男は急須《きゅうす》を持って、ばあちゃんの部屋へ行きました。二人は「おっきいばあちゃん、ごはんやよー」と言って、机の上にトレーと急須を置きました。そして、ばあちゃんはご飯の上に薬をかけて食べるので、母がきちんと分けて置いてある薬を取り出し、はさみで袋を切り、ごはんにかけてあげました。「おっきいばあちゃん、ごはんどうぞ」と言うと、ばあちゃんは「こうくん、なおくん、ありがとう」と言って食べます。

その間、息子たちは部屋に戻って自分のご飯を食べ、しばらくすると「おっきいばあちゃん、食べたかなあ」と言って、二人で部屋をのぞきに行きました。すると、ばあちゃんは「ごちそうさま」と言って、入れ歯を外していました。その光景に、「おっきいばあちゃん、歯がとれるんやー」とびっくりして、自分たちの歯を触って不思議そうにしていました。入れ歯は母が洗い、ばあちゃんに渡します。ばあちゃんが入れ歯を入れるのを、二人はじっと見つめ、ニコッとして帰ってきました。

次からは、歯を外すことを覚え、ばあちゃんが入れ歯を外すのを忘れていると、

「おっきいばあちゃん、歯は？」と聞いています。また、「おっきいばあちゃん、ふわふわのご飯（やわらかいご飯のこと）しか食べれへんの？」「ちっちゃく切らなあかんなあ」などと、ばあちゃんの体のことを実際に見て、触れて、子供なりに感じているようです。

ばあちゃんは、月曜日から金曜日まではデイサービスに行きます。ばあちゃんが母の選んだ服に着替えると、長男と二男はばあちゃんの部屋に行き、カバンを持って出てきて、三人で玄関で待っています。デイサービスの車が来ると、「おっきいばあちゃん、行ってらっしゃーいタッチ」と言って、手と手を合わせるタッチをして見送ります。

その後は、母が部屋の掃除、シーツの交換、ポータブルトイレの掃除などをします。夕方、ばあちゃんが帰ってくると、息子たちはまたカバンを持って、一緒に部屋に戻ります。台所では母がお茶とお菓子を用意しているので、二人はそれをばあちゃんの部屋に運びます。毎日、このように過ごしていました。

ばあちゃんの容体が悪くなり、入院することになりました。母は、朝、昼、夕方、寝る前と、病室を訪ねてはいろいろと世話をしました。ばあちゃんが落ち込み、ふて腐れて何もしていないと、母はすかさず「気はしっかり持って。何もしないとすぐに弱っていくよ。できることはしよう」と言います。そう言われると、ばあちゃんは強気になって、頑張ってリハビリを始めます。母は、ばあちゃんの性格を考えながら励ましているようでした。

息子たちも、お見舞いに来たときは、病室の前で配膳《はいぜん》車が来るのを待って、ご飯を運びます。病院から帰る途中、「おっきいばあちゃんが退院したら、お花をあげて、写真をとってあげたらいいやん」と私に話してくれました。私はハッとして、ばあちゃんに対する大切な気持ちを教えてもらった気がしました。息子たちは、初めは母がすることに興味を持って、見よう見まねでしていましたが、いつしかばあちゃんに対する思いやりの心が芽生えたようです。

　ある日、お見舞いに行ったとき、ばあちゃんは「きれいになって家に帰るわな」と言いました。母と私は、「本当にばあちゃん、すごくきれいになったよなあ」「退院するころには一番きれいになってたりして」と笑いながら家に帰りましたが、ばあちゃんの言葉がいつまでも私の耳に残っていました。

　ばあちゃんの容体は、だんだんと悪くなりました。五月二十六日、ばあちゃんは「常一《つねかず》を呼んできてくれ」と母に頼みました。父が病室を訪ねると、何を話すでもなく、時間だけが流れました。消灯前に、母が「泊まろうか」と聞くと、「常一が泊まってくれ」と言い、父とばあちゃんは二人だけの時間を過ごしました。朝になり、母がケーキを持ってきました。ばあちゃんは、ご飯とケーキを少し食べました。

　昼前に訪ねると、ばあちゃんは「しんどい、しんどい」と言って、容体はかなり悪いようでした。息子、娘、孫、ひ孫までが駆けつけ、みんなでばあちゃんのベッドを囲みました。「ばあちゃん、分かるか。分かるんやったら目を閉じて」と言うと、目を一回閉じて開けました。息が荒々しくなるなか、「ばあちゃん、ばあちゃん」と声をかけながら、みんながばあちゃんと手をつなぎました。私の長男、二男、長女（七カ月）は、「おっきいばあちゃんタッチ、タッチ、タッチ」と、いつもしているように手と手を合わせました。ばあちゃんは目を開けて、みんなを見渡していました。

「ばあちゃん、いままでありがとうな。ありがとうな……」と、みんなが涙ながらに声をかけました。〝ありがとう〟というみんなの言葉の中で、ばあちゃんはすーっと息を引き取りました。

ばあちゃんが家に戻り、私たち姉妹でばあちゃんに化粧をしました。ほっぺにはほんのりピンクの頬紅《ほおべに》をつけ、口には口紅と少しグロスをつけ、爪《つめ》には薄ピンクのマニキュアを塗りました。私たちは、「ばあちゃんが入院中、きれいになって帰ると言っていたけど、本当にきれいやよなあ」と話し、「ばあちゃん、すごくきれいやよ」と、ばあちゃんにも話しかけました。

弔問《ちょうもん》に来る人、来る人にばあちゃんの顔を見てもらい、出棺の日には、また化粧をし直しました。葬式の写真も、家族みんなで選びました。「こっちの顔がいいなあ」「こっちもいいよ」と、すごく温かい時間が流れていました。

いま、みんながご飯を食べる部屋には、デイサービスのときに撮った写真が飾られています。息子たちは毎朝、学校や保育園に行くときには、神殿で祖霊《みたま》様の前に行き、「おっきいばあちゃん、おっきいじいちゃん、行ってきまーす」と、手を前に出してあいさつをします。下の娘も真似をして「タッチ」をします。私たち家族の中には、いまもばあちゃんが生き続けているのです。

母は、じいちゃんの面倒も見てきました。じいちゃんは頑固で気が強く、怒ると本当に怖い人でしたが、母は精いっぱいお世話させていただいていました。じいちゃんが脳梗塞《のうこうそく》で声を失う前に、「明代、お前には感謝してるねで」と言ってくれたことと、ばあちゃんに「いままでありがとう」と言えて送り出すことができたことに感謝していると、母は私に話してくれました。そう話す母はすごく格好よく、私は母を誇りに思いました。

ばあちゃんを通して、親から子、子から孫、孫からひ孫という、つながりの深さを感じることができたように思います。

じいちゃん、ばあちゃん、ありがとう。そしてお父さん、お母さん、二人がしてきたことは、ちゃんと私が見てきたからねと、そう伝えたいです。

コーラスがつなぐ絆

田中珠代《たなかたまよ》
児童センター指導員・47歳・長野市

私にはいま、「絆《きずな》」という言葉で確かにつながり合っている二十二人の仲間がいます。三十数年前、天理高校コーラス部に縁あって入部し、知り合えた同期の仲間です。

当時、おうた―九―交声曲「元の理」が完成し、私たちは日々、その練習に明け暮れました。時として心のぶつかり合いもあり、ミーティングを重ね、どんな歌に対しても一つになることを目指した毎日でした。これまでの人生の中で、たった三年間なのに、それは濃い、そして人生を大きく左右する高校生活を、私たちはおぢばで共に過ごしたのです。

その仲間の一人がいま、重い病と闘っています。一人床に伏しています。その報に接したとき、何とも言われぬ気持ちがフツフツと湧《わ》いてきました。

あのころ、力を合わせて一つのハーモニーを作り上げた私たちですが、卒業して三十年、皆それぞれの地で、それぞれの道を歩んでいます。

ご本部に勤める人、おぢばの学校で教鞭《きょうべん》を執る人、アメリカで布教に奔走する人、芸能界で活躍する人、大教会長、店舗経営者、主婦、サラリーマン、介護福祉士、理学療法士など、いまの立場は種々さまざまです。そして全国、いえ世界津々浦々に暮らしています。何年も何十年も連絡を取り合っていない友もいます。でも、この報を流すと、一瞬にして心は一つになりました。

彼のご守護を願い、友として、よふぼくとしてできること、それは何をおいてもおつとめです。皆が一堂に会せずとも、おぢばで、そして時を同じくしておのおのの地で、おぢばに向かって心を合わせて祈ることです。

九月の本部月次祭祭典後、神殿に集まった人でお願いづとめをさせていただきました。私自身はそこへ行けず、遠く信州の地でおつとめをさせていただきました。頭を下げた瞬間、涙がドッとこぼれました。その友の言った言葉が思い出されたのです。

「無い命をたすけてもらった。残りの時間を大事にしなきゃね。先のことを考えずに、今この時を精いっぱい生きると決めている。今を大切に。今の次は未来じゃないよ。今の次は今だよ。元気出していこうね」

見舞った私を、逆に励ましてくれた彼の思い。学生時代から何十年の歳月が過ぎたいま、こうして心を一つにして、おのおのの地からおぢばに馳《は》せるみんなの思い。いろんな思いが交錯し、涙が止まりませんでした。

毎月二十六日の祭典後に、お願いづとめをさせていただくと決めています。

彼のもとへ、おさづけの取り次ぎに足を運んでくれる友もいます。多忙な中、遠路を厭《いと》わず真実の限りを尽くしてくれています。皆、年月など忘れたかのように、久しく会っていなかった友なのに……。青春時代を共に過ごした仲間の絆は、こんなにも強いのかと感じずにはいられません。

以前、『天理時報』にこんな言葉が載っていました。

「自然の世界に存在する生命には、必ず旬があります。……『今日《きょう》種を蒔《ま》いて今日に出けん。旬を見て生える。又《また》実が出ける』（明治31・3・28）地中に根を張り、少しずつ成長してきた生命の営みが、色鮮やかに結実する。見えない年月の積み重ねがあって初めて、柿の色に深みが出てくるのです」

種を蒔いたのが高校時代、そして、いまがその旬なんだと感じます。おぢばで学んでいたとき、三十年後にこんな深いつながりをもって生きるとは想像もしていませんでした。天理高校創立百周年の年、卒業三十年の節目の年に、一つにならせていただいたことが、まさに旬です。

いま、私たちはメーリングリストという、二十二人だけの通信の場を持って交流しています。送信した一人の情報を、一斉に皆が受け止めます。九州の友へも、アメリカの友へも瞬時に伝わり、すぐ返信があります。

手紙や電話で交流した時代を生きてきた私たちが、大人になってパソコンや携帯電話など、こんな文明の利器を使って心のやり取りができるようになるなんて思いもしませんでした。ありがたい限りの時代です。

「時は移りゆくもの、人の心も変わるもの」と言われるけれど、どんなに月日が流れようとも、風景が変わろうとも、変わることのないものがあるのだと、この年になって初めて気づかせていただきました。それは、おぢばで学ばせていただいた仲間だからこそだと思います。

深い親心のもと、素晴らしい仲間たちに出会わせていただいたことに感謝し、恩師・千葉宗次《ちばむねつぐ》先生のご指導のもと、コーラスを続けられたことを誇りに思います。

そして、彼のおかげでこの句にまた一つになれたことを喜び、彼のご守護を願いつつ、彼の望みでもある、皆がそろって懐かしい音楽室で、あのハーモニーを奏でられる日を夢見て、日々、勇んでつとめさせていただきたいと思います。

彼の言葉を胸に、いまを元気に勇んで通らせていただきます。

やまさかやいばらぐろふもがけみちも
つるぎのなかもとふりぬけたら
まだみへるひのなかもありふちなかも
それをこしたらほそいみちあり
ほそみちをだん〳〵こせばをふみちや
これがたしかなほんみちである
（おうた―一―「やまさかや」）

この歌は、私たちにとって生涯忘れ得ぬ「おうた」です。いつの日か、皆そろって歌いたい一番の曲です。

幸福

筒《つつ》井《い》直《なお》子《こ》
無職・57歳・北海道旭川《あさひかわ》市

赤ちゃんのときの記憶は三、四歳ごろには消えるということで、私も思い出せずにいますが、幼かったときに父がどう接してくれたかということを、私はいま、喜びとともに感じています。

両親は、お互いを心から求めるようにして一緒になった夫婦で、私は二人にとって初めての子供でした。下に弟が二人います。

私は仮死状態で生まれてきたそうです。生後何日かは、医者にも見放されていたそうです。でも、私は生かされました。生命力の強い子だったのでしょう。周りの多くの人の祈りにも恵まれて、私はいま、五十七歳になりました。

十七年前に父が、七年前には母が出直し、私は一人暮らしを始めました。一人暮らしは自分を見つめる時間をもたらしてくれました。内省することによって、これからの私に何が大切で必要か、いままでの私の反省点は何か、自分の欠点をきちんと把握できているかなど、家族と暮らしていたときには巡り合えなかった深い思いを得ることができました。そして何よりも、父との絆《きずな》を感じ、父と親子の縁を結んでくださった親神様の御《み》心の温かさを感じたのでした。

私は発育も遅く、身近にいる母にとっては手のかかる苦労の種で、ピーピー泣いてめんこくない子だったと聞かされていました。母は大らかな楽しい人でしたので、父を愛することで、父に子供たちを愛する力を与え続けたのだと理解すると、母のつらさをいま、思いやることもできます。

そんな私も、二歳には歩けるようになり、六歳には小学校に入学、その後も元気に成長しました。私は父から、私が成長する過程のことを聞いたことはありませんが、父がどういう心で接してくれたかは手に取るように感じられます。私が何かできたとき、きっと父は心から喜んで私を褒《ほ》め、励ましてくれただろうし、目の端にいつも私のことをとらえていてくれただろうし、深く強い愛情で私を見守り続けていてくれたと感じるのです。

生後間もないころには、必死でおさづけを取り次いでくれたでしょうね。父は子煩悩な人でしたから、二人の弟も大変かわいがりました。私たち姉弟は、父親から一番かわいがられたのは、それぞれが自分だと思っているお互いなのです。

私は脳性マヒで、言語と右半身に障害があり、周りの人はいろいろと気遣ってくれますが、私自身は私のまま、人の輪の中に入っていけます。いままで、いじめられた記憶はありません。自分が不幸だと思うことも、あまりなく生活してきました。人も好きでした。そして、このように生活できることを当たり前だと思っていたのが、三年前までの私でした。

三年前、醜い顔ゆえに親にも愛されず、憎しみを抱えて悲しい人生を送った人の映画を観《み》て、その悲しさに泣きました。そして、はっと気づいたのです、私も醜いのではないかと。私は自分を醜いと感じたことはなかったけれど、客観的に、周りの人が私を醜いと感じることはあって当然で、嫌われ、疎《うと》まれても仕方がないのだと思い知ったのでした。

いままで大きな苦労もなく、周りの人ともうちとけ合って楽しく暮らすことが、どうしてできたのか。それまでは考えもしなかった家族とのかかわりを、深く深く探ってみました。

そこに、父がいました。母も父も、障害を持った子を授かって戸惑いもし、嘆きもしたでしょうが、父には親神様・教祖《おやさま》に対する強い信頼がありました。子供の身上を通して、信仰を深めていったのでしょう。「親神様のご配慮があって、優しい人や真実のある人が周りにいてくれたら、障害が重いがための大変さも軽減されるだろうと思っていた」と、人づてに父の言葉として聞いたことがありました。

私はこの両親の元だからこそ、愛される自信と、愛する力、生きる知恵を授かったのです。両親に対して、出生の不満を一度も言ったことがないと記憶しています。

こんな幸せな私に、もっと大きな幸せを感じる時が巡ってきました。私は、弟の撮ってくれるビデオの中の私に、目を向けてはいても心では見ていないことや、テレビに映る障害者の方々を直視できないことがありました。しかし、いまは目をそらさずに、体の使い方や表情をしっかり見つめています。このような変化は、突然やって来ました。そのとき、私は障害を確かに受け入れたのです。

変化に気づいたことで、心の奥底にあるものが次々と意識のうえに上ってきました。障害を持って生まれてきて申し訳ないという、親や家族に対する負い目が、無意識のうちにあったという驚き。そして、いまはその負い目が消えているという心の変化は、思いもつかないことだったのです。

命がないと思われた子が生かされたとき、この子にはできないだろうと思っていたことができたとき、親はどういう思いで受け止めたのだろうと思い巡らしてみると、私が障害なく生まれることで親に与えられる感動や喜びよりも、強く、深く、多く父に喜んでもらえたのではないでしょうか。父は、私が転んでも転んでも立ち上がり歩いたとき、箸《はし》を持てたとき、言葉が話せたとき、ものすごくうれしかったのだろうなあと、そう感じたときに、私に対する心からの受容が、自分自身の中に、大きな幸福感とともに、とてつもなく大きな波のように押し寄せてきたのです。不自由でなければ、もっといろいろなことができたかもしれないけれど、この身体《からだ》で十分だと、涙ながらに思いました。

障害があればこその幸せでした。

親神様、私にこの身体をお貸しくださり、父・母と親子としての、二人の弟と姉弟としての縁を結んでくださり、周りの温かい人とのかかわりを下さり、このように思える心の自由を下さり、ありがとうございます。

いままでおぼろげだった深い親心が、このとき、胸に治まりました。

私は一人暮らしをしていますが、孤独ではありません。両親に心から愛された過去があり、いま、二人の弟の厚い援助があり、日々の悩みや信仰の喜びを本心から語り合える教友がいてくれます。親しい友人との楽しい会話があり、何げない心遣いを示してくれる隣人の中で、うれしく生活させていただいております。何よりも、この素晴らしい縁を下された親神様に、日々感謝申し上げている私です。

私はいま、なまけ心も、めめしい心も、やましい心も、時には冷たい心も、つい使ってしまいますが、マイナスの心を否定するのではなく抱きとめて、優しい心、低い心、温かい心に、少しでもいいから変えていきたいと思っています。

神殿で頭《こうべ》を垂れ、平伏するとき、心に浮かんでくる思いを持ち続けたいと思ってはいても、人間の心は変わってしまうかもしれません。でもいまは、悲しい人、寂しい人の心をまるごと受け入れ、抱きしめて、神の存在を感じてもらい、心の奥に一条《ひとすじ》の光明を灯《とも》してもらえるように努力することが、親神様に受け取っていただける私のお礼の気持ちなのです。

悲しく、つらく、寂しい人は、親神様・教祖の温かい親心に触れたとき、とらわれていた感情から解き放たれ、新しく生きようとすることができるのではないでしょうか。

信仰の醍醐味《だいごみ》は、親神様が、かわいいわが子と思っていてくださると感じることです。そして、ゆるぎない平安を心の中に持ち続けることだと思います。

あの夏、思い出に見つけた宝

浅井《あさい》もも
家事手伝い・26歳・新潟県長岡《ながおか》市

私には、あの夏の記憶がない。

いまから少しずつ、記憶の断片を探し、拾い集める旅に出よう。今年もまた、夏が来た。暑い暑い夏が……。

十八歳、高校三年生。

夏、学生生徒修養会高校の部、三回生。

私はおぢばにいた。

今年の学修は少し違う。参加にあまり気乗りしないまま……。

おかしい。

何かが違う。

一回生、二回生のときと違う班編成。戸惑う。これが学修？

班員と仲良くなれない。ついていけない。

いつしか私は一人ぼっちだった……。

学修に参加する前に、私は大いなるストレスを抱えていたのだろう。いまなら容易に分かる。だが、あのときはそれが分からなかった……。

泣きながら、逃げながら。

私は高校演劇の演出をつとめていた。経験者は高校三年生のわずか五人。後輩は一年生の十数人。三年生は最後の舞台。引退まで、私たちは彼女らに、少しでも多くのことを教えなければならない。

言いたいことは言えない、そんな演出だった。ダメ出しができない演出。いらないことを考えて、本当に思ったことは言うことができなかった。

舞台監督は一年生の何も知らない女の子。相談もできない。公演が近づくにつれ、重圧も増す。

この舞台を成功させたい。

その思いが大きくなればなるほど、ストレスとプレッシャーで心が傷ついていく。毎日、泣く。一人になっては、泣く。

そして迎えた本番。

最高の公演、最高の舞台、最高の仲間……。舞台は成功した。そして私たちは引退した。
今年は学修がちっとも楽しくない。
宿舎に戻り、ふと頭にそんな言葉が浮かぶ。
夜。
眠れない。
眠ったふり。タオルケットをかぶって、目を閉じて。
眠れない。
眠れない……。
私が眠ったものだと思った班員たちの、しゃべり声が聞こえてきた。
「ももちゃんって、どういう子？」
私のこと？　二回生で同じ班だったMが答えた。
「話しにくい子だよ」

パチン。心がはじけたような音がした。

「ももちゃんって、どういう子？」

「話しにくい子だよ」

「話しにくい子だよ、話しにくい子――」

Mの言葉が、眠ったふりの私の頭の中を、何度も何度もかけめぐった。

みんな、いつしか眠りについた。

眠れない。

眠れない。眠れない……。

母屋《もや》から見る月はきれいだった。そんなことは、よく覚えていた。

翌日から私の頭の中には、記憶の断片しかない。

自分でもおかしいと思う。でも行動を止められない。真っ暗な部屋で壁をたたく。

赤ちゃんのように泣く。頭の中がぐるぐる回る。しゃべりだしたら止まらない。怖がる……。

私の記憶にはないことだが、あとで分かったこと——三回生全員の前で、大声でわめく。

「私にさわらないで！」

私の心は、壊れてしまった。


地元新潟から、学修に参加中、つまりおぢばで精神に異常をきたした娘のため、父と母がクルマでかけつけた。

もはや学修にこのまま参加し続けることはできない。十二下りのてをどりまなびをせずに、私は新潟へ帰ることになる。


それから毎日、私は泣いていた。

「ごめんね。ごめんね」

と言いながら。夜、病院からの薬を飲むと、なぜだか牛乳を欲しがった。

母は、病院の医師から二度ほど私の入院を勧められたのだと、あとから教えてくれた。

両親は、

「暴れるわけではないので、入院はさせません」

と言ってくれたのだという。


高校三年生、残りの夏休み。

毎日、両親と、もしくはどちらかと、上級教会へ参拝していたことは覚えている。

会長さんが、おさづけを取り次いでくれた。

わけも分からないまま、湯飲みに入った水と、その中の御供《ごく》さんも、毎日頂いた。


九月。

医師からは、学校にはまだ通わず、一カ月は療養を続けるように言われる。

そして毎日六回のおさづけ。

秋――。私の記憶が、確実性を帯びてくる。医師も驚くような早さで回復。病名、心因反応。


それから――。

現在まで二、三回再発するも、またも医師の驚くような早さで回復。

再発の原因は、いずれもストレス。でも、どんなときでも両親は私に寄り添ってくれた。

きょうだいたちは、心が壊れた姉を優しく見守ってくれた。あのときはこうだったと、笑いながら教えてくれるときもある。もちろん私に記憶はないが。

祖母は優しくあたたかく私を見守ってくれた。

家族が、あの夏、私を受けとめてくれなかったら、いまの私はないだろう。

その後の再発で現在、病名が変わる。統合失調感情障害。いまは二カ月に一度、お薬をもらうために通院している。

私が私でなくなったときも、決して私を見放さずにいてくれた家族。そして、私のことを心配し、心を寄せてくださった親戚《しんせき》や教会の信者さんたち。記憶の断片を探し集めて見つけた宝。それは、私を支えてくれる大勢の人たちの優しさ、あたたかさだったのだ。

いま、声に出して伝えたい。ありがとう、と……。

ばあちゃん

生駒《いこま》優子《ゆうこ》
会社員・39歳・名古屋市守山《もりやま》区

「ばあちゃん、ばあちゃん」

何回呼んだら、私の〝ばあちゃん〟は返事をしてくれるのでしょう。二〇〇八年一月八日、祖母は眠るように出直しました。

二〇〇七年春のある日、祖母は心筋梗塞《しんきんこうそく》のため救急車で病院へ運ばれ、そのまま入院しました。約十カ月間の入院生活でした。朝食時は私が、昼食時は母が、夕食時は叔母《おば》といとこが、祖母に付き添いました。また、祖母の長男である叔父《おじ》は、休日のたびに一日中付き添い、二男の叔父は長野から、三男の叔父は京都から、毎週のように祖母の好きな食べ物を持ってお見舞いに通っていました。一年に一回、会うか会わないかの人たちに、祖母のおかげで何度も会うことができました。

祖母は私に、三つの宝物を残してくれました。それは、「信じるもの」があることの強さ。そして、「ありがとう」という言葉の力。それから、「そうだね」という受け取る心の大切さです。

祖母は、入院中にも何度か心筋梗塞の発作《ほっさ》を起こしました。そのたびに、お医者さまから「覚悟してください」と言われました。しかしながら、祖母は何度も回復し、自宅にも二回戻れて、お正月も迎えることができました。

母も私も、毎日のようにおさづけを取り次がせていただきました。祖母は、「おさづけしてもうと、ホント安心」と、いつも言っていました。

何回目かの危篤のとき、私は祖母の手を握り、みかぐらうたを歌いました。すると、一〇〇前後だった心拍数が、十二下りを歌い終わるころには七四まで下がり、翌朝には会話ができるほどになりました。みかぐらうたを歌っている間、私は祖母に対して、そして祖母の命をつないでくださっている神様のご守護に対して、感謝の気持ちでいっぱいでした。見る見るうちに心拍数が下がるのを見たとき、私は「ばあちゃんはいま、神様にもたれきったのだなあ」と感じました。苦しくて不安ななか、聞こえてきたみかぐらうた。祖母は安心して落ち着くことができ、危篤状態から脱することができたのでしょう。

私は毎日、祖母に会いに行きました。出勤前がほとんどでしたので、会えるのはほんの十五分くらいです。買い物を頼まれたり、朝食の準備をしたり。人からは「よくやったね」と言われます。けれども、それは違うのです。私が、祖母に会いたかったのです。なぜなら、祖母が私を待っていてくれたからです。

たわいもない会話でした。けれども毎朝、祖母は「行ってらっしゃい。今日《きょう》も一日頑張ってね。ありがとう！」と、元気よく手を振ってくれました。だから、私が元気をもらっていたのです。きっと、母をはじめ叔父たちも同じだったのではないでしょうか。

祖母は、病室を訪れるすべての人に、常に「ありがとう」と言っていました。私は、遠くから通ってくる叔父たちや、看病する叔母や母、また病院の看護師さんたちの祖母に対する接し方を見ていると、心が温まりました。感謝する心、それは祖母が長い年月をかけて、お道で培《つちか》ったものなのでしょう。それが周囲の人たちに伝わっているのです。「ありがとう」という言葉、それは相手に感謝の気持ちを伝えるだけでなく、互いに助け合う心をも広げるのだと感じました。

また、祖母は思いついたままを口にしてしまう人でした。ただ、人が祖母の意見と全く逆の意見を言うと、即「そだネ」と、一八〇度考え方を変える名人でした。頭が低くなければ、そんなことはできません。そんなところが、〝かわいいばあちゃん〟と病院でも皆さんにかわいがられた理由だったのかもしれません。

私は、今年の八月八日に入籍しました。彼とは昨年の一月に知り合い、ちょうど、祖母が入院するのと同時にお付き合いを始めました。

休日はデートの日でしたが、その前に必ず、祖母の病院へ行きました。私が祖母の病室に行っている間、彼は病院の食堂で、長くて約一時間、じっと待っていてくれました。祖母の容体が悪くなればデートはキャンセル、そんなことが何回かありましたが、彼はいつも「精いっぱい、おばあちゃんにしてあげて」と、私をサポートしてくれました。

祖母は、私にとってはただの「おばあちゃん」という存在ではありません。言葉には語り尽くせないほどの苦労の道中を、教えを頼りに乗り越えてきた、お道の師でもありました。お道のことを全く知らない彼でしたが、私のことを理解し、祖母のことを自分のおばあちゃんのように大切に思ってくれました。だから、私は祖母のことがなければ、こんなに短期間で結婚を決めることはしなかったし、もしかしたら結婚に踏み切ることができなかったかもしれないと思っています。

私は、祖母からもらった三つの宝物をしっかりと抱きしめ、祖母のおかげで結ばれた生涯の伴侶《はんりょ》と共に、これからの人生を歩いていきます。

いまも私の心の中にいる〝ばあちゃん〟。それは、病室のドアから半分身をのり出し、心配そうに私を待っている姿です。

「おみゃあが迷うといかんと思って待っとったヨ」

祖母は、きっとこれからもずっと、私が迷わないよう、私の行く先、行く先で待っていてくれることでしょう。

「ばあちゃん、ありがとう」

命つないで

堤《つつみ》 京子《きょうこ》
無職・71歳・愛知県長久手町《ながくてちょう》

ある朝突然、「まずは堤政義《まさよし》をたすけなさい」という声が聞こえてきた。ハッと顔を上げ、周りを見回したが誰《だれ》もいない。いまのは……。

神床《かんどこ》もなく、おかきさげを目標《めどう》に朝づとめの後、人をたすけるお手伝いをさせてくださいと、いつものように教祖《おやさま》にお願いしていたときのことだった。教えの道も十分理解できずにいる私に、教祖はお声をかけてくださった。なんとありがたいことだろう。

早速彼を捜さなければと勇み立った。彼は三年前まで私の夫であった。

結婚して三十五年がたったころから夫の生活が乱れ始めた。毎日帰宅するなり自分の部屋に入り酒を飲み、出てくると小言を言っては家族に当たりちらす。初めて見る夫の姿であった。

そんな日が続き、うんざりしていると、サラ金からの請求書や催促の電話が頻繁《ひんぱん》に来るようになった。数百万円の借金が判明し、使途については無言の状態。怒り心頭に発し、信頼感も失せてきた。

ある日、パチンコ店に入る夫を見かけた息子が、中をのぞいて驚いたという。手を震わせながら、食い入るような目でパチンコをしている様子は、まるで何かに憑《つ》かれた人のようだったそうだ。手が震えていたとすれば、アルコール依存症になっているのだろうか。驚きであった。

私は仕事の都合で残務を持ち帰って処理したり、家事や孫二人（母親は離別）の世話をしたりと忙しく、毎日が疲れの連続状態であった。夫の話し相手をする元気もなかった。

それまで私の身を案じ、優しく協力的だった夫が、好きなテニスやゴルフを忘れ、パチンコに狂い、多額の借金までするようになったのはなぜなのか。いったい何があったのか。理由も語らず、家族を脅《おびや》かしている夫にほとほと愛想が尽き、不満が噴き出して離婚を考えるようになった。

そんなある夜、突然、何かを激しく叩《たた》く音が隣家の庭のほうから聞こえてきた。行ってみると、新築したばかりの雨戸が傷だらけになっていた。そして、そこに酔いつぶれた夫が倒れていた。その夜はご主人が出張中で、母親と娘は怖くて抱き合って震えていたという。私は胸がつぶれる思いだった。

家に連れ帰ると息子は言った。「どこまで迷惑をかければ気が済むんだ！」。そのとき、私の心の中に憎悪と嫌悪感が一気に湧《わ》き出て、離婚することを決意したのだった。

離婚して三年がたったころ、N市の福祉課から電話があった。

「堤さんがホームレスをしていて、時々サービスの風呂を利用されます。最近体調が良くないようなので、診察に連れて行ってほしいと思っているのですが」と。

離婚していますので――と断った。また電話があり、私は彼とはもう関係ありませんからと、冷たく断ち切った。

ところが、冒頭の教祖のお言葉を聞いて気がついた。あの電話は教祖が、たすける道を付けてくださったものだったのだと。しかも、二度も電話を！

早速福祉課へ行き、先般のお詫《わ》びとお礼を言い、彼の居所を尋ねると、「最近あまり姿を見せないが、××通りのほうへよく行っているようですよ」とのこと。

××通りと聞いてピンときた。友人が経営するラーメン店がある。久しぶりに会った彼の友人は、変わらぬ笑顔で気さくに応対してくれた。

「ああ、毎日四時ごろに来るよ。晩飯を取りにね」と言う。

「えっ、晩ご飯を!?」

「彼がここに顔を見せるようになってから三年くらいになるかなあ。せめて一日に一食でもと思ってね、家内が作り始めたんだよ」

胸がつまった。この友人夫婦は三年間も弁当を作り、彼の命をつないでくださっていた！　なんと思いやりの深い方たちだろう。感謝で胸がいっぱいになった。


私は、彼をたすけるということは、荒れた心と生活を立て直して、自立できるようにすることだと考えていたので、会長さまと相談し、ラーメン店での再会後、教会へ連れて行き、修養科に入るまで世話をしてもらうことになった。

しばらくして教会の奥さまから、今のことが分からないようだから、病院できちんと診てもらったらどうだろうかと話があった。早速診てもらうと、多発性脳梗塞《のうこうそく》によるアルツハイマーと認知症の併発症とのこと。市の福祉課の方やラーメン店の友人が、時々おかしいなと思う行動があったと話してくれたことを思い出した。

やがて会長さまに連れられて天理へ行ったが、一人では行動できないことが分かり、付き添いをつけて修養科に入ることになった。私が彼の過去をまだ許す気持ちになれずにいることを知っている会長さまは、自ら付き添って行くと決意された。私が行くべきでは……と迷ったが言い出せず、知人の教会長に相談すると、「あんたが行くべきだよ。六十億の人間の中から、いんねんあって結ばれた二人。それを飼い猫を捨てるようなことをして、ひどいよ、あんたは。付き添ってしっかり世話をしておいで」と言ってくださった。彼をたすけるとはこういうことなのだと気づいた私は、すっきりと心が定まった。

修養科生活が始まったが、彼は方向が分からず、食堂やトイレなど一人では行けなかった。目が離せず、どんなときも手をつないで行動した。級友や詰所の方々の親切と思いやりのおかげで、気苦労もなく無事に過ごせたことは、夫にとってほっとした安らぎであったにちがいない。

ある日、修養科の先生から手紙を書くようにと言われた夫は、考え考え次のような手紙を書いた。

「息子へ。私は天理に来てから毎日、反省の日々を送っている。それは、決して良い父ではなかったからだ。朝に夕にお参りする生活で、少しでも良い父になろうと思っている。バーチャンはそばで寝ているが、これも私がバーチャンを疲れさせているからだ」

家族のことをずっと思っていたのだろう。精いっぱいのお詫びの心が感じられ、うれしかった。

十一月二十二日、夫はおさづけの理を戴《いただ》いた。この日にちなんで、これから〝いい夫婦〟にならなくてはと思った。教祖のお導きで、よりを戻していただいたのだから。

天理から戻った私たちは、教会の朝づとめ参拝と、『天理時報特別号』を手に、にをいがけを始めた。手をつなぎ、夫のゆっくりとした足取りに合わせ、一戸ごとに「人間いきいき通信です。読んでください」と二人で声を出して、楽しく勇んでいた。和やかで充実した生活だった。

それが五、六年続いたころから、片手をつないでいたのが両手で引っぱるようにして移動しなければならなくなり、トイレに連れて行くのも大変になった。そのうちに、箸《はし》やスプーンも持てなくなり、食事や衣服の着脱等にも手助けが必要になった。以前から患っていた私のリウマチの痛みもひどくなり、握力が弱まってきて、一人ではどうすることもできなくなってきていた。

役所、次いで居宅介護支援事業所へと行き、ケアマネージャーに会う。初めて知る福祉の世界である。夫は要介護3と認定され、ケアマネージャーのプランでデイサービスを受けることになった。週三日のデイサービスの日の昼間は、初めのころは罪悪感もあったが、解放感に満ち、休息も十分に取れた。しかし、在宅日と夜間はいままで同様の生活であった。

このころ、夫の頻尿《ひんにょう》が目立ってきた。夜は特にゆっくり寝ておれなくなった。ベッドで放尿、トイレに行く途中でもらす……。濡れた衣類やシーツの始末、汚れた絨毯《じゅうたん》の清掃など、毎日が悪戦苦闘の連続であった。

こうなると私のリウマチも黙ってはおらず、手足は腫《は》れ、重くて動かせず、切って捨てたいほどの激しい痛みが出てきた。周囲の人は施設か病院に預けたらと言うが、私はすでに、これまでの夫への応対がどんなに冷たく酷《むご》いものであったかを思い起こして、身がちぎれるほど自分を責め、反省し、これからは夫に精いっぱい尽くし、恩返しをしていこうと決めていたのだった。

そのうちに夫の行動がおかしくなってきた。祖父や弟の名を呼び、懐かしそうに話したり、誰かを怒鳴るように声を荒《あら》らげて話したり……。一晩中話し続けることもある。ハーモニカで吹く曲が突然乱れ、強く吹いたり叩きつけたり……。そんなことがしばらくの間続き、怖いほどだった。

ケアマネージャーと相談して病院を替えることにした。紹介してもらった先生は、

「彼は脳梗塞ではなく、アルツハイマー型認知症とピック病だ。脳もかなり萎縮《いしゅく》している」と診断。七年間の無意味な治療と服薬に悔しさを覚えた。新たな薬は、私が夫を観察しながら量を調整して投与するやり方で、一カ月もすると穏やかになり、落ち着いてきた。

病状の進行した夫は要介護5と認定。ショートステイや訪問介護が加わり、私は楽になった。これまでやってきた世話をすべてヘルパーがしてくださる。ヘルパーの方は、「奥さんを楽にしてあげたいとの思いで私たちは働いている」と言ってくださり、その通りになってきた。二人で好きな音楽を聴きながら、「あなたは幸せね。みんなによくしてもらってよかったね」と言えるほど余裕が出てきた。充実した生活が戻ってきた。私も幸せだった。

順調に過ごしていた夫が、発熱を繰り返すようになった。食事には気をつけ、誤《ご》嚥《えん》のないようトロミ食にしていたが、二度肺炎になり、逆流性食道炎と併せて食べ物の摂取が不可能になった。もう使うことのない夫の茶碗《ちゃわん》を見ると、さすがに悲しくなったが、胃瘻《いろう》を造設して命をつないでいくことになった。

退院後について、訪問医療や訪問介護の方々が集まり、在宅介護に必要な器具や役割、担当日などが話し合われた。互いの関係ができ、一体化した姿につながりが見られ、夫への深い思いやりを感じた。私は吸引と胃瘻への栄養注入の役目を与えてもらい、あとは身の回りの世話をするだけとなった。ありがたいことである。

この十年間、多くの人とのつながりがあった。それがどんなつながりであれ、人間が生きていくためには不可欠なものであるということを、夫の身上や事情を通して実感してきた。このつながりがなかったら、夫と私はどうしていただろう。すべては教祖のおかげである。

絆に支えられて

中村《なかむら》千代子《ちよこ》
主婦・62歳・高松市

父が亡くなって、今年でちょうど四十年になる。私の結婚年数と同じだから、忘れることはない。

私が五歳のとき、母は早世した。一日患っただけのあっけない死であった。母のことはあまり覚えていないが、寒い北風の中、野辺《のべ》送りをした光景だけをぼんやり覚えている。

「あなたは新調した赤い着物を着せてもらって、ニコニコしていたわ」

と長姉が言う。

母亡きあと、わが家の生活は以前にも増して苦しくなり、毎日、食べていくのがやっとであった。私は男二人、女三人の五人きょうだいの末っ子である。

長姉は結婚の日取りも決まっていて、母の死後一カ月もたたないうちに、遠い福岡に嫁いで行った。次姉と次兄は県外へ出稼ぎに行き、家には父と長兄と私の三人が残った。わずかばかりの小作地を父と兄が耕して、米、麦、桑《くわ》などを作っていた。兄はまだ十六歳であったが、野良《のら》仕事のほかに家事一切も任された。きれい好きで、料理好きで、家の中はいつも片付いていた。運動会や遠足の弁当も、みんなに負けないくらいのご馳走《ちそう》を作ってくれた。

わが家は祖父母の代から天理教を信仰している。私は小学四年生のときから、こどもおぢばがえりに参加した。毎日の暮らしのお金にも困っていたのに、父はどこからか費用を工面してきた。

「大丈夫かなあ、父ちゃん」

私は言葉には出さなかったものの、心配でならなかった。

もう五十年以上も前のこと。おぢばは、西に東に大きな建物が建ち始めたころであった。みんな大汗をかきながら、一生懸命もっこを担《かつ》いでいた。日本一のプールを見学したときは、信者の子であることを誇りに思った。かんろだいを前に、親神様や教祖《おやさま》のお話を聴いて心を震わせた。鼓笛隊のパレードや、「ようこそおかえり」のモニュメントにも圧倒された。何百人もの子供たちが、それぞれの部屋に集まって覚えた歌の数々。大きな声で、ただひたすらに歌った。歌によって、お道の成り立ちや、礎《いしずえ》を築いてくださった人々の歴史を初めて知ることができた。

いまでも口ずさむことがある。

とおいとおい　そのむかし
親神さまは　にんげんを
つくりたもうた　おとうさま
つくりたもうた　おかあさま

歌っていると横で娘が笑っている。

「あんたも知ってる?」

「知ってるわ。おぢばがえりのとき、歌ったわ」

そうだったのか。私が半世紀も前に覚えた歌が、いまでも歌い継がれているのを知り、うれしくなった。

私が二十歳のとき、天理に帰参していた父が胃病で倒れ、御所《ごせ》市の病院に入院した。兄たちは子育てや仕事に追われていたので、私が会社を休んで看病に行った。

父は案外元気そうであった。病院の周りには田畑が広がっていて、美しいれんげ畑も多かった。二人で窓辺に立って話をした。髭《ひげ》が少し伸びていたけど、父は穏やかな顔をしていた。とりとめのない話をいつまでも続けた。父とゆっくり語り合ったのは、それが最初で最後になってしまった。

「早く退院して田植えの準備せないかんの」

田畑を見下ろしながら言った父の目には、まだ力があった。数日後、天理まで帰り、完成して間もない「憩《いこい》の家」病院で検査を受けてから退院した。

父は再び元気を取り戻し、農業と信仰に生きる毎日を続けていた。しかし、二年後に再び胃病を悪化させ、六十九歳で出直した。私の結婚式を二カ月後に控えた、蒸し暑い夏の朝であった。

私の結婚に際しては、四人の兄姉が一つになって準備をしてくれた。親のない妹に肩身の狭い思いをさせまいと必死であった。嫁入り道具、花嫁衣裳《いしょう》、嫁ぎ先へのあいさつなど、両親そろっている子にも負けない花嫁にして送り出してくれた。

昭和四十三年九月二十五日、結婚式の日。

「ごめんね、遠くにいて何もしてやれず」

長姉は声をあげて泣いた。入院中であった次兄も帰って来てくれ、きょうだい五人で父母の遺影にあいさつをした。外は台風の影響で雨が降っていた。真っ赤な打ち掛けを羽織った私は、皆に守られてタクシーが待っている大通りまで歩いた。父が大事にしていた菜園には、兄が種を蒔《ま》いた大根が芽を伸ばし始めていた。

結婚写真。両親の席には、長兄と長姉が座っている。二人とも若く、やっぱり親には見えない。恥ずかしがりやの次姉は、二列目で緊張して写っている。式に参列できなかった次兄はいない。この写真を見ると、四十年前のいろんなことを思い出す。

私は結婚後も働き通し、四十数年間勤めた会社を昨年退職した。ずっと、兄や姉に甘えるばかりして六十を過ぎてしまった。

早くに親を亡くしたからか、私たちきょうだいの絆《きずな》は特別に強い。福岡の姉は、もう七十八歳になった。若いころから病気ばかりしていた次兄も六十九になった。長兄は、いまも実家を盛り立てている。

「もう年じゃ。それでも忙しいわ」

そう言いながら、私が訪ねるとすぐに美味《おい》しいものを作ってくれる。古稀《こき》も過ぎ七十三歳になった。

恥ずかしがりやで、どこに行くこともせず、結婚してからの私をいつも支えてくれた次姉は、昨年二月に亡くなった。十七年間も難病と闘って、苦しみぬいての死であった。掃除して、洗濯して、ご飯炊いて、内職して……平凡な主婦であったが、良妻賢母の見本を見せてくれた。

私は、いつのころからか「かあちゃん」と呼んでいた。私の二人の子供までがそう呼んで慕った。亡くなった後、姉の日記帳を見つけた。私のことばかり書いてある。

〈千代子、高校合格〉

〈千代子の花嫁衣裳を見に行く〉

〈千代子結婚式。父母に見せたかった〉

〈千代子、女の子出産〉

〈千代子、男児安産する〉

私は、しゃくりあげながら読んだ。

次姉はいま、父母のお墓の横で眠っている。生前から、自分で用意していた場所である。今年二月にお参りをしたとき、私と長姉はどちらからともなく、お墓に向かって言った。

「いいねぇ、あんたは。お母さんやお父さんのそばで。いっぱい大事にしてもらってるんやろうね」

父母に私たちのことを、あれこれ話しているに違いない。

翌日、きょうだい四人は夫婦そろって日帰りドライブ旅行に出かけた。

「かあちゃんの写真も持って行ってあげてよ」

かあちゃんっ子であった、私の息子が言った。この子は、本当によく気がつく。

年を寄せた者同士、一日を楽しんだ。美しい景色を背景に記念写真を撮った。日ごろ、あまり笑うことのない長兄も笑っている。この小さな旅が、きょうだい最後の旅にならないように私は祈った。

仕事にかまけて教会にお参りすることもめったになかった私。先日、次兄に連れられてお参りをした。周りは見知らぬ人ばかり。

「あぁ、竹市《たけいち》さんの子な」

「あんたのお母さんも、ええ人やったで」

と、昔を知っている方々が懐かしがってくれた。

神前のお供え物を見て、父を思った。父のお供え物は、いつも畑のものばかりであった。大きな大根、青々とした菜っ葉、芋《いも》。祭典の日には、かごいっぱい取ってきて、家のすぐ前の小川で洗っていた。

「また、今度も参りまいよ」

「お父さんやお母さんも喜んどるで」

みんなが、口々に言ってくれた。私も、そうしたいと思っている。

今年七月の父の四十年祭も、親族がたくさん集まった。猛暑の中、稲田からの涼しい風が吹き抜けていく座敷に、みかぐらうたが響き渡った。祭壇には、茄子《なす》、胡瓜《きゅうり》、西瓜《すいか》、ピーマン、トマトなど、兄手作りの野菜が供えられている。好きだったけど、めったに飲むことができなかった清酒の一升瓶《びん》もある。

父や母は苦労するなか、数え切れないほどの宝物を私に残してくれた。それは、形あるものだけではない。いま、私を包んでくれる笑顔がいくつもある。私を守ってくれる手がいくつもある。

これからは、お道の言葉にもある「陽気ぐらし」の素晴らしさを、周りの人たちにも伝えていきたい。人が喜ぶことを積み重ねて、まだ出会っていない未知の人との絆を、一つでも多く作っていきたい。それが、私自身の喜びにつながるものだと思っている。

カリステジア・ジャポニカ

遠藤《えんどう》正彦《まさひこ》
教員・31歳・天理市

夏が来ると思い出す光景がある。

天理小学校四年生のときだと思う。焼けるような日差しに目を細めながら友達と通学路を帰る。真南棟《しんなんとう》前の交差点を渡り、高安《たかやす》詰所を横目に見ながら細い路地へと入っていく。明日からは、待ちに待った夏休みがやってくる。皆どことなく楽しげな雰囲気だった。

「夏休みだからといって、気を抜いて遊んでばかりいないように」

終業式のあと聞いた先生の言葉は早速教室に置き忘れ、明日からの予定で頭がいっぱいだった。

いっぱいなのは頭だけではない。教科書やノート、体操着に書道用のバッグなど、家に持ち帰らなければならないものが山のようにあった。最終日までに少しずつ持ち帰れば苦労しないのだが、昨年の反省は生かされず、その年も気がつけば終業式を迎えていた。

その中でも、一番大きな荷物が鉢植えだった。

朝顔の観察というのは、一体いつから始まったのだろう。朝早くに花を咲かせる朝顔。それを観察するには、どうしても朝早く起きなければならない。夏休みでも夜更かしせず早起きをする習慣をつけるために、わざわざ一人一鉢も与えられたのだろうか。

実際は、植物の成長と、それに必要な日光や水の大切さを教えるものだったのかもしれない。しかし、少しずつ蔓《つる》が伸びてきた朝顔を両手に抱えているとき、そのような考えは少しも頭に浮かばなかった。

案の定、必死の思いで家に持ち帰ってきたにもかかわらず、翌朝から朝顔に興味はいかず、軒下に置かれた鉢は数日間ほったらかしのままであった。

数日後、あまりの状況を見かねた母は、早朝から私を起こすと水やりをさせ、観察日記をつけさせた。最初は眠たい目をこすり、大きな変化のない観察日記を書くことがイヤでイヤで仕方なかった。

しかし、次第に朝起きにも慣れてくると、日に日に成長していく朝顔の姿に驚きを感じるようになり、翌朝起きるのが楽しみになってきた。

やがて、澄み切った空のような薄い水色の花が咲いた。本当にうれしくて、飛び出さんばかりの勢いで母に報告すると、母も自分のことのように喜んでくれた。

そんなある日、母と二人で買い物に出かけた。買い物袋を持って歩いていると、道端に咲いている花が目に入った。いつも歩いているはずの道なのに、なぜか初めて出合ったような気がした。はにかんだようなピンク色のその花は、朝顔に似ていた。

「お母さん、あの花、朝顔じゃないの？」

思わず尋ねていた。足を止めた母は、私が指さすほうに目をやると、優しく微笑《ほほえ》んだ。

「これはね、昼顔って言うのよ」

意外な言葉に驚いた。

「えっ、昼顔なんて花があるの？」

「あるのよ。こうやって、道端に咲いているからあまり目立たないかもしれないけれど、ちゃんとした花なの。朝顔の仲間で、朝顔と違って昼間に咲くから昼顔って言うのよ」

確かに朝咲くから朝顔なら、昼に咲いているのは昼顔だ。私は昼顔に手を伸ばし、顔を近づけた。見れば見るほど朝顔に似ている。朝顔の仲間というのもうなずけた。

「咲く時間が違うから名前が違うだけなの？　それだけ？」

「朝顔は最初に種をまいて、そこから大きくなったでしょう。昼顔はね、地下茎《ちかけい》って言って、土の下に茎や根っこを伸ばして大きくなるのよ。だから、一度増えてしまうと刈るのがすごく大変になるの。それで、あまり大事にされず、皆から雑草みたいに見られているのかもしれないわね」

朝顔は鉢に入れられ、観察日記までつけられているのに、昼顔は誰《だれ》にも注目されず、こうして道端にそっと咲いているだけだ。同じ仲間であるにもかかわらず、あまりの違いに私は言葉が出なかった。

そんな私の様子を察したからだろうか、母は優しい目で言った。

「だけど、お母さんは昼顔も好きよ。見えない土の中でしっかりと茎と根を張って、見えるところではきれいな花を咲かせる。それも、決して自分の美しさをひけらかさず、慎《つつ》ましく咲いている。

世界中の人もね、こうやって見えないところでちゃんとつながっているのよ。みんな親神様の子供なのよ。それが分かれば、親神様は一人ひとりにきれいな花を咲かせてくださるの」

手にした昼顔をのぞき込む。空に向かって真っすぐに咲く姿に、自然と笑顔になっていた。

当時の私に、母の言ったことがどれだけ理解できていたかは分からない。しかし、成長するにつれ、母が伝えたかったことが少しずつ分かるようになってきた。それは、静かに根を張る昼顔にゆっくりと花が咲くような速度だが、いまでは親神様のご守護を頂き、お互いにかかわりをもって生きていることを実感している。

時に人と人とのつながりは、複雑で苦しいものとなる。しかし、それはきれいな花を咲かせるために栄養を送る手段となるのだろう。

見えるものは分かりやすく、見えないものに気がつくのは難しい。それでも、やはり私たちは見えないところで支え合い、親神様のご守護を頂いて支えられているのである。

茎や根のない花はない。

皆が心からそのことを理解するとき、親神様は陽気ぐらしという大輪の花を咲かせてくださるのだろう。

昼顔――学名「カリステジア・ジャポニカ」。

花言葉は「絆《きずな》」である。

母たちの声

郷内満寿《ごうないます》
教会長夫人・53歳・静岡県焼津市《やいづ》

いま、私の生活の中には〝母たち〟から教えてもらったこと、学んだことがたくさん生きています。早いもので、お母さん（姑《しゅうとめ》）が出直して十二年、母が出直して七年がたちました。

お母さんは、事に当たるにとても勢いがあり、物事を的確に判断し、大きな声ではっきりとものを言う人でした。「教祖の教えに、朝起き、正直、働きとあるけれども、宵《よい》っ張りとは言われてないから、早く寝てもいいんだよ」と早寝早起き。そして「私は陰で言わないで、本人に直接注意するよ」と、気がついたところはすぐに注意してくださいました。それも、どこかユニークで親切で、私も素直に聞くことができたのです。

お料理がとても上手《じょうず》で、「私の味は、万人に向く味！」と自慢していましたが、その通り、お母さんのお料理にどれだけの人が舌つづみを打ったことでしょう。関西育ちの私に、「調味料けちってるみたいだねぇ〜。こんな薄味じゃ、焼津の人には喜んでもらえないよ」とひと言。そのおかげで、私も早くこちらの味に近づけたのかもしれません。いまも、お母さんの五目寿司《ごもくずし》とぬか床は何とか引き継いでいます。

大正生まれの実家の母は、あっさりとした性格の中にも情のある人でした。どなたが来《こ》られても「ようこそ」と迎える姿は、なんとも見ていて心地《ここち》よく、なかなかまねのできないところです。

「人さまが来られたら、手の離せないときでも声で迎えられるわよ。まず、温かい言葉で迎えてよ」「お嫁に行ったら、十年はしっかりとその家に伏せ込むのよ」と、折に触れて聞かせてくれたひと言ひと言が、私をいままで支えてくれていたように思います。

その母たちが祈り続けてくれたおかげもあり、私は四十一歳で初めての子を出産することができました。体調がよくなかった姑は、私が無事出産したことを聞いて、翌日出直されたのです。祖霊《みたま》様として見守ってくれているのでしょう、息子は元気に成長し、もうすぐ私の身長を追い越しそうです。

就学したばかりのころ、周りの若いお母さんたちに少々引け目を感じていた私に、「ほかのお母さんは〝ひよこ〟って感じ。お母さんはにわとりになっているから頼りになるよ」と、気の利いたことを言ってくれ、座布団《ざぶとん》二枚、いや、三枚あげたい気分になったこともありました。

今年は思いがけずＮＨＫの子供番組にも出演でき、少年野球では県大会にまで進出し、日ごろ応援してくれている前会長さんに喜んでもらうことができました。前会長さんは床に就いて三年目になりますが、いつも平常心で、精神力の強さを感じます。時々、私にはお小遣いまで心配してくださり……とてもありがたくうれしいことです。正直、そんな日は夕飯のおかずを一品多くしたくなりますね。まじめで優しく、とてもまめな主人は、私より家事が上手で、毎日助けてもらってばかりです。

こんな温かい家族の中で、私はというと、三年前、女子青年大会で講師の先生が「元の理」のお話をしてくださっているのを聞きながら、「元初《もとはじ》まりの話」を誰《だれ》にでも興味を持ってもらえるように工夫したい、との思いが募りました。早速、近くの道の友達に相談したところ、「できることは何でも協力するから」と快く言ってくれ、「元初まりの話」を目で見て少しでも分かるように表現しようと、ぬいぐるみ劇にすることになりました。

ところが、私はお裁縫が大の苦手です。そこで、お裁縫の上手な信者さんに相談したところ、早速、泥大島《どろおおしま》の端切《はぎ》れで「くろぐつな」を作ってくれました。その「くろぐつな」が何とも迫力があり素晴らしいのです。うれしくなって、みんなに見てもらうと、みんなもびっくり。私は、何としてもこれを劇として完成させようとの思いがますます強まったのです。

そして、近くの手先が器用な道の友達三人の協力を得て、着物をリフォームしてのぬいぐるみ製作が始まりました。しばらくすると、ぬいぐるみの中に詰める綿が思った以上に必要なこと、蛇などには細長い綿がいいということが話題に出たときに、「弟の勤める工場でキルト綿の切れ端《はし》がたくさん出るから使ってください」と、思いがけないところから長い綿をたくさん送ってくださり、ほかにも数々の不思議を見せていただきながら、半年後、ぬいぐるみは出来上がりました。

着物の地柄《じがら》を生かした「うを」、白羽二重《しろはぶたえ》の「み（白蛇）」、背びれとしっぽに針金を入れた勢いのある「しゃち」、甲羅《こうら》の一つ一つがパッチワークでできた「かめ」、おじいさんが図鑑を借りてきてくれて調べたという本物のような「うなぎ」、ひらひらとチェック柄の「かれい」、なんともかわいい「ふぐ」――どれもこれも素晴らしく愛らしく、みんなの力が寄るとこんなにも大きなものになってくるのかと、自分の想像を超えたぬいぐるみの出来栄《ば》えに感動するとともに、ますます力が湧《わ》いてきたのでした。

ぬいぐるみの誕生で、劇へ大きく一歩を踏み出しました。女子青年大会がきっかけでしたので、女子青年さんにも劇に参加してもらうことになり、衣装、音響、美術、撮影、ポスター製作には家族の協力も得て、昨年三月に初公演。以来、ありがたいことに評判を呼び、「静岡レインボーS」と劇団（?）に名前も付けて、支部内の教会や、おぢばの信者詰所など、これまでに八回も公演する機会をお与えいただき、今年は東京でも公演をすることができました。

「別席で、『元の理』のお話が身近なものとして聞けるようになりました」「こんな楽しい御用もあるんですね」と、女子青年さんからの声は、何よりもうれしい言葉です。そして、系統を超えた道の友同士、一手一つに劇に携わることで力を頂き、陽気に日々を通らせていただけるようになったことは、とてもありがたいことです。公演先では、飛び入り参加してくださる道の友との出会いも楽しみで、皆さん真剣に演じてくださいます。

「元の理」の劇ゆえに、こうしてあちらこちらで公演する機会をお与えいただき、「元の理」の劇だからこそ、素人の私たちのこの劇を、いままで延べ千人もの方々が観《み》てくださったのでしょう。あらためて「元の理」のお話の大切さを痛感しています。

毎回、『天理教教典』の第三章「元の理」を、皆さんと一緒に拝読してから劇を始めています。親神様のご苦労を、そして一れつきょうだいであることを分かち合える、尊い時間です。

私の二人の〝母たち〟は、いまの私をどう見ているでしょうか。母たちからの声が私の肥となって、こうして皆さんとの縁を結んでくださっているように思えてなりません。

今月は祖霊祭。甘さ控え目のおはぎを作ってお供えします。「お砂糖けちってるよ」と、お母さんの大きな声が、どこからか聞こえてきそうです。

浜っ娘《こ》ヨコちゃん

関口《せきぐち》　清《きよし》
講演会講師・66歳・横浜市港南区

母が倒れたのは四年前、私が教会長資格検定講習会後期を受講して三日目の朝だった。脳梗塞《のうこうそく》で救急病院に運ばれ、場合によっては明日出直してもおかしくないとのことだ。

えらいことになった。

母は横浜にある錦濱《にしきはま》分教会の八代会長である。親から引き継いだ会長ではなかった。後継者がいないので、やむなくなった。それから三十五年、よくもまあ長く務めたものだ。母のたくましさと底抜けの明るさ、そして教祖《おやさま》にもたれきった生き方があったからこそ続けられたのだろう。

母は生粋《きっすい》の浜っ子である。それも横浜のど真ん中、伊勢佐木《いせざき》町のそばの不老《ふろう》町で生まれた。名前がいいじゃないか、不老町とは……老いず、いつまでも若いしと、母は自慢する。

名前は「関口好子《よしこ》」という。しかし周りの人はそうは言わない。好子をもじって「ヨコちゃん、ヨコちゃん」と呼ぶ。「浜っ娘《こ》ヨコちゃん」なのである。

母は小柄だが、色が白く目が大きいので、なかなかの美人だ。若いころは「不老町小町」と呼ばれ、若い衆に人気があったという。浜っ娘だから威勢がよい。うじうじしてるのが大嫌いなのだ。

そんな母に私は育てられた。しかし、素直な子ではなかった。私は子供のころ、軽い小児麻痺《まひ》を患った。見た目には分からないが、走ったりするとぴょこぴょこ足を引く。運動会が一番嫌《いや》だった。徒競走で走らないこともあった。「出なかったんだね」と、日ごろ陽気な母が悲しげにつぶやいた。すまないと思ったが、そんな子を産んだのは誰《だれ》なのさと思ったこともあった。

私は勉強に力を入れ、大学を卒業して銀行に入り、仕事に打ち込んだ。とんとん拍子に出世し、四十歳で当時としては最年少の支店長になった。得意の絶頂だった。すべてが自分を中心に回っていた。

そんな私を見て、母は、

「威張るんじゃないよ。お前が偉いんじゃない、周りの人が一生懸命やってくれてるんだからね。教祖は八つのほこりといって、高慢はいけないと戒めているんだよ」

と言った。私は、

「関係ない。天理教と銀行は違うんだよ。俺《おれ》の好きなようにさせてくれ」

と冷たく突き放した。ただ、信者さんたちの手前、月次祭のときだけは、仕事を途中で抜け出したりして良い子になった。そんな私を、「清が忙しいなかを来てくれた」と、母は手放しで喜んでくれた。

私は銀行からシンクタンク（総合研究所）の研究員に転籍となった。

「シンクタンクって一体何なのさ。お前、まさか悪いことでもしたんじゃないだろうね」

英語を知らない母は心配した。説明しても分かるまい。日本経済が今後どうなるかを予測したりする所だよと、ぶっきら棒に答えた。

「そんなことでお金がもらえるのかね。私はね、みかぐらうたの十一下り目に『いつ〳〵までもつちもちや　まだあるならバわしもゆこ』とあるように、汗水たらして働くのが好きなんだよ」

それとこれとは違うんだよ……。私は冷房のきいているオフィスで、青白い顔をして難しい本を読み続けた。

定年になり、私は講演会の講師となった。経歴がすべてだった。銀行員からシンクタンクの研究員になるような人は少ない。それに、私は学生時代に落語をやっていたので、講演の合間に小咄《こばなし》などを入れると人気があった。

ただ、父とは定年になったら修養科に入る約束をしていた。優しいが明治男の一徹で、こうと思ったらきかない父の言うことは絶対だった。

修養科はつらかった。朝は五時に起き、参拝、食事、そして授業。六十の手習いのおてふりは、覚える気がないから身につかない。ひのきしんの草むしりでは、腰が悪い私は屈《かが》むだけでぴりっと痛みがくる。ただ、周りの人たちも何かしら身上を持っているようなので、頑張らねばならない。

母からは毎日のように手紙が届いたが、中身は、心配だ、心配だと、私の体を案ずるだけ。おまけに、周りの人と仲良くやりなさいと子供扱い。ここに来たのはお母さんのためだよ、そんなに心配なら来させなければよかったじゃないかと、すぐ人のせいにする私の悪い癖《くせ》が出る。

しかし、天理というのは不思議な所だ。教祖は現身《うつしみ》をかくされただけで、ご存命のままでいらっしゃるといわれる。確かに、杖《つえ》をついていた人が自分の足だけで歩けるようになったり、ぜんそくの人の咳《せき》が止まる。理屈っぽい私はなぜかと考えるが、ひのきしんがあったり、詰所に戻れば山のように仕事が待っていて、考える時間がない。

そんなふうにしているうちに、三カ月はあっという間に過ぎてしまった。

しかし、横浜に帰れば元に戻る。講演会の講師は「先生」である。「俗にいて俗に堕せず」という心境にはなれない。また高慢になる。

そんな私に、父は容赦なかった。講習を受講して教会長の資格を取れと言う。父の言うことは、何でも「はい」と素直に受けるのがわが家の家風。前期は順調に終了し、後期になった。

このころから、はっきりと私の心に変化が起こった。天理教というのは「理」の世界である。これは分かる。しかし、それに加えて何かがある。距離をおくようにしても、どうしても抜けきれない自分があった。何なのか分からない。それを見つけたい。

ちょうどこのころ、錦濱分教会長の後継者問題が起きたが、母は、

「私の後任は京子《きょうこ》（私の姉）がいいよ。錦濱は女の会長が続いてるからね」

と言った。母の前の会長も女性だった。姉が会長になることで、錦濱分教会は初めて親から子につながった。

後期講習を受講中だったが、私は母危篤の知らせに、横浜に戻ることにした。休めるのは三日。それ以上だと検定試験の受験資格がなくなる。

病院に着くと、母は一人で眠っていた。というより身動きしない。ここで私は、はっきりと母の容体が普通でないことを知った。

主治医の先生に呼ばれた。

「お母さんの命は明日をも知れません。もしたすかっても、今後、言葉はしゃべれ

ません。覚悟してください」

「分かりました。それは致し方ありません。それより先生、たすかる見込みはあるのですか」

「あるといえばあります。それは本人の生きようという気力です。ただ、九十歳に近いですからね。その前に意識を取り戻すことです。それが先決でしょう」

「どうしたらいいのですか」

「できるだけ話してください。反応がなくても語り続けてください。そうですね、お母さんは歌が好きですか？」

「歌ですか……。美空《みそら》ひばりのファンでした」

「そうですか。それならそれを歌ってください」

病室に戻っても、母はぴくりともしない。私は語りかけた。いや、それは懺悔《ざんげ》だった。申し訳ない。いままで文句ばかり言って。わざと冷たくばかりして……。それなのにあなたは、いつもにこにこ笑っていてくれた。浜っ娘ヨコちゃんは腹の太い人だった。人の悪口を言わない。ずぶの素人が会長になって、どんなに苦労しただろう。

手を握った。温かい手だった。子供のころ、いつも私を優しく包んでくれた手がそこにあった。「お母さん」。私はその場に泣き崩れた。しかし、母の反応はなかった。

しばらくして先生の言葉を思い出した。

「歌を歌ってください」

美空ひばりも良いが、これしかない。

よろづよのせかい一れつみはらせど
むねのわかりたものはない

…………

私は必死になって歌った。母の手をずっと握っていた。最初は何の反応もなかったが、何回か続けているうちに母の手がぴくりと動き、それからは、はっきり握り返してくるのが分かった。

たすかる……。私は何もかも忘れ、「よろづよ八首」を一晩中歌い続けた。

天理に戻り、後期講習を続けた。姉から携帯に電話があった。

「お母さん、目を開けたわよ。たすかるって。先生が奇跡だと言ってたわ」

私はその足で本部の神殿へ行き、額《ぬか》ずいた。

「ありがとうございます、教祖。私が求めていたものがやっと分かりました。それは母との、どうしても切れない絆《きずな》だったんですね。これからは一生懸命、お道のためにつとめさせていただきます」

それからの私は必死だった。苦手だったおてふりをマスターした。地方《じかた》もでき、男鳴物《なりもの》は人に教えられるようになった。

おてふりをしている私を母に見てもらいたいと思う。しかし、それは無理だ。ただ、私の心の中には、いつも微笑している母の姿があった。

母は九十三歳になった。いまは、今年百歳になる父と同じ施設にいる。口はきけない。しかし、何か言うとニコッとする。教祖が最後に残してくれた母らしい姿、それが笑顔である。

浜っ娘ヨコちゃんは健在である。

教祖、ありがとうございます。

母を取り巻く人々

山内《やまうち》　博《ひろし》
教会長・77歳・京都府綾部《あやべ》市

はげしかった太平洋戦争が終わりを告げた昭和二十年の十月、父は三年余にわたる闘病生活の末、その当時不治の病といわれた肺結核で、ひっそりとこの世を去った。享年三十七歳。

三十六歳の若さで未亡人になった母は、中学一年生の私を頭に五人の子供を抱え、死にもの狂いで私たちを育ててくれた。大の男でも食べるのが精いっぱいの時であった。母の苦労は想像を絶するものがあり、私たち兄弟も幼いながら、新聞配達、牛乳配達と、少しでも家計の一助になるよう努めた。

貧しかったけれど、底抜けに明るい家庭であったのは、やはり母の存在が大きかったからであろう。

精神的に母を支えてくれたのは、ズバリ、天理教であった。

「陽気に明るく暮らせば神様が喜ぶ。いまは苦しいけれど皆で力を合わせて、何を言われてもハイ、ハイと言って人の言葉に従い、ハイ上がっていくのだよ。そうすれば必ず神様が手を差し伸べてくださるから……。そのうちきっと良くなるよ。皆で頑張ろうね」

毎日のように母の言葉を聞きながら、私たち兄弟は成人していった。

そのころからだ。母の元へいろいろな人が、ぽつりぽつりと集まりだした。

大酒のみを亭主に持ったおかみさん。その言い訳に来る旦那《だんな》。戦争で夫を失い、いまだに（悲しいことに）生存を信じている中年の女性。嫁との折り合いがつかず、母の所（狭い我が家）へ飛び込んできて、いつの間にか居ついてしまった老婆。

「類は友を呼ぶ」ではないが、いつの間にか老婆がまた一人増えた。さすがに我慢できなくなって母に文句を言うと、ニコニコしながら「皆、困っているんだよ」。そのひと言でおしまいだった。

種々雑多な顔ぶれが母を取り巻き、愚痴《ぐち》をこぼしながら世間話にふける。聞き役はいつも母。母は、『天理時報特別号』と、にをいがけのチラシを必ず手渡し、噛《か》んで含めるように読んで聞かす。

皆、神妙な顔をして聞いている。読み終わると、異口同音に必ず言う。

「良い話だけど、とても私たちには無理」

「私たちは、そんないい心がけではないもの」

（その通りだ。どう考えても、あなた方には無理だよ）と、私は腹の中で思う。

ゆっくりと皆の顔を見回しながら、母は言った。

「ここに書いてあることは、実際にあったことばかり。私たちと同じ人間の出来事なのよ。だから私たちだって、その気になればできないことはないはずなの。

神様は、あの人はダメ、この人は良いなどと、えこひいきはしない。すべて私たちの心がけ次第なの……。自分のことばかり考えないで、少しでも人さんに喜んでもらうこと、それが大事なのよ」

みんな神妙に聞いている。その日を境にして、皆の姿勢が心なしか変わってきた。

「どうしたら少しでもあの人たち（特別号の登場人物）に近づけるのかしら？」

「それは無理よ」

「いや、そんなことはないわよ。ここのお母さんが言ったじゃないの、私たちの心がけ次第だって」

「じゃあ、どうすればいいの？」

「お母さんの話を聞いてから、私、嫁に対してちょっと態度を変えたの。そしたら、いつもつんつんしている嫁が、出かけるときに『お母さん、気をつけて行ってらっしゃい』って言うの。悪い気はしなかったわよ。でもちょっと照れくさかったね」

（一同大笑い）

しばらくはお茶を飲みながら話は続く。

母はニコニコしながら皆の話を聞いている。そして、ポツリとひと言。

「この世の中、悪い人間は一人もいない」

そうこうしているうちに翌月号が届いた。

例によって母を中心にして回し読み、感想、意見が出された。

ひと言で言えば、また一歩前進したように感じられる。会話の内容が、「それは無理だ」「とてもできない」から、「どうしたら私たちもできるだろうか?」に変化していった。

久しぶりに母が重たい口を開いた。

「良いことが書いてあるのは皆が認めたのだから、もっとたくさんの人に読んでもらうように、配ってみたらどうかしら」と。

「そうなの。私、ぜひ読んでもらいたい人がいるの」

「私もそうなのよ。いろいろ相談をかけてくる人がいるの。見せたら喜ぶわ」

かくして衆議一決、それぞれが心づもりの人に配ることになった。そのころの母の部屋は、ムンムンするような熱気が充満していた。

「この印刷物のお金、お母さんに持たせていては悪いわ」

「毎日のお茶代だって、ばかにならないわ」

ニコニコしながら母が、私を指さした。

「大丈夫、スポンサーがいるから」


一つの目標に向かって歩み始めると、黙っていても、だんだんと人間は成長していくものなのだろうか。きっと、神様が手助けしてくれているのだ。

愚痴をこぼし、お茶を飲み、おせんべいをつまみ、憂さを晴らしていた母の部屋から、予想もしなかったことが誕生しつつあるのだ。

それも、本人たちは何も意識してないが、立派なにをいがけと手配り……。

どちらかといえば、話し上手《じょうず》というより聞き上手のタイプだった母に、こんな秘めた力があったのか！　はっきり言って驚いた。

「人が勇めば神も勇む」。文字通りである。

そう言えば、いい年をしたおばさん連中が、お母さん、お母さんと言って慕ってくる。母のどこに人を引きつける力があるのか、不思議で仕方なかった。

私から見たら、いつもニコニコしている老婆（私の記憶では六十五歳ぐらい）としか思えないのに、いつの間にやら茶飲み話の仲間を手配りのグループに変化させた。しかも、そのリーダーに（リーダーなんて、母は照れるかもしれないが……）。

母を取り巻く人々

母、逝《ゆ》きて三十年。

母を取り巻く人々の大半は故人となってしまった。先日も、杖《つえ》を頼りに歩む往時のおばさんに出会った。

「あんなに心豊かで、優しく私たちの相談に乗ってくれた人はいない。ほんとに温かな、いい人でした。それにしても、とっても楽しかった。一生の思い出ですよ」
眼をうるませながら語ってくれた。

朝顔の鉢から

谷口利隆《たにぐちとしたか》
布教所長・64歳・和歌山県橋本市《はしもと》

「お父さん、あったよ！」

小学一年生の二女が、大きなうれしそうな声で私を呼び止めました。

見知らぬ町で妻と五人の子供を連れて、七人家族の布教所生活がスタートした最初の年、初夏の出来事です。その日は「こどもおぢばがえり」の募集のため、娘は小さな赤い自転車で、私はその後ろを同じく自転車で、路地から路地へとその家を捜して行ったり来たりしていました。娘の目の前には、朝顔の鉢に張り付けた「う

ちた　えり」の名札がありました。私は表札の「内田」さんばかりを捜していましたが、娘は夏休みに入る前に学校から持ち帰った表札の下の朝顔の鉢を、私より先に見つけたのです。

当時、私は戸別訪問やパンフレットのポスト投函《とうかん》など、いろいろなにをいがけの方法を模索していました。そして、高校生のころに鼓笛指導や少年会活動をしていたことを思い出し、目前に迫った「こどもおぢばがえり」が自分の得意分野だと考えました。

早速、五人の子供のうち三歳児の末娘を除いて、三人の小学生と一人の幼稚園児に、こう切り出しました。

「みんな、それぞれ一人でもいいから、お友達をこどもおぢばがえりに誘ってね。お友達の家だけ一緒に行って教えてくれれば、そのあとの話はお父さんがするからね」

子供たちの誘いによって、一人また一人と参加者が増え、最初の年に五十人の団参が実現しました。そして、その翌年も五十人の団参ができました。

三年目の年は、ちょうど「教祖《おやさま》百年祭こどもおぢばがえり」の年です。「ようし、今年は教祖百年祭の年だから百人の団参を」と心定めをしました。長女が小学六年生、長男が四年生、二女が三年生、三女が二年生、四女が幼稚園と、最初の年より二年成長した「戦力」（？）も倍増し、少年会員八十七人、育成会員十三人、ぴったり百人の参加者が集まりました。

出発の朝、ＪＲ単線の小さな駅（現在は無人駅）は、百人の団体と見送りの家族であふれかえりました。子供たちのかわいい「行ってきまーす」の声、見送り家族の「行ってらっしゃーい」の声が行き交い、朝八時の駅前広場は「こどもおぢばがえり」一色です。

途中で一度、乗り換えがありましたが、小さな子の手を引き、荷物を持って、一人ももれなく天理駅に到着しました。

一泊二日の行事を終えて、帰りの電車でのこと。乗換駅の手前で車内を見渡すと、子供たちはみんな満足げに寝ています。「さあ、大変！」。全員を起こして、必死の思いで乗り換え、やっとのことで帰り着きました。

ところが、駅で点呼をすると一人足りません。

「メイちゃんがいない！」。私は青ざめました。大切なお子さんを親から預かっているのですから当然です。背筋を冷たい汗が流れます。すぐさま駅に連絡し、一人の育成会員が各駅停車の電車を車で追いかけ、追いかけて、六つ先の駅でようやく彼女を保護できました。

「メイちゃん、ごめんね」。私は小学三年生の少女を抱きしめて、自分の至らなかったことを詫《わ》びました。そして布教所に帰り、二日間の団参の疲れも忘れて神前に額《ぬか》ずき、「親神様、教祖、ありがとうございました」と、心の底からお礼を申し上げました。

百人の団参が終わって「良かったね」だけではもったいないと、全員に感想文を書いてもらうことにしました。原稿用紙を配り、一人残らず集めて手書きの文集を作成しました。出来上がった文集を参加者全員に配り終えたとき、この喜びをおぢばへお届けしようと思い、少年会本部へ一冊送ったところ、少年会本部の先生が布教所へ取材に来てくださいました。翌月の『さんさい』誌には、布教所の玄関前で撮影した写真付きで、「教祖百年祭こどもおぢばがえりに百人の団参」の記事が掲載されました。

朝顔の鉢から始まった小さなにをいがけの輪は、その後も人から人へ、次々と広がりを見せ、絆《きずな》を強めていきます。まず、引率の育成会員の中から五人のよふぼくが誕生しました。さらに、当時の少年会員も十七歳を過ぎてから五人がよふぼくとなりました。そしていまでは、その少年会員が親となって、親子で「こどもおぢばがえり」に参加してくれるようになりました。

「教祖百年祭こどもおぢばがえり」に参加した、当時小学生だったやすお君は、十九歳のとき、友達の単車の後部座席に乗って走行中、運転を誤って放り出され、コンクリート製の電柱で頭部を強打し、意識不明の重体となりました。両親からの連絡を受け、病院に駆けつけた私は、ベッドに横たわる彼の姿を目にして呆然《ぼうぜん》とし、傍らに寄り添う両親にかける言葉も見つかりませんでした。

次の瞬間、ふと我《われ》に返り、必死におさづけを取り次いでいました。来る日も来る日も、意識の回復しない彼におさづけを取り次ぎながら、このまま回復しないのではないかという思いが脳裏をかすめます。でも、両親は根気強く彼の回復を信じて待ち続けています。五十日目にしてようやく、奇跡的に意識が戻りました。両親の喜ぶ姿は、それは大変なものです。おさづけの取り次ぎに通った私も、両親や彼のきょうだいとともに、その喜びを分かち合いました。

しばらくして、片手片足麻痺《まひ》の障害が残り車いす生活となった彼に、別席を運んでもらいました。正座もできない、座りづとめのお手も振れない彼の姿を見て、「九席まで運ぶだけでもいいや」と思いながら別席を続けていましたが、ある日、彼のひと言で、私は自分の考えが大きな間違いであることに気づかされたのです。

「おっちゃん（私のことを、みんなこう呼びます）、もしこの事故でこんな体にならなかったら、もっと大きな事故や事件を起こして親を悲しませていたと思う。だから、ちょうど良かったたんやと思うてる」

私はこの言葉を聞いて、いままで安易な気持ちで彼と向き合ってきた自分の心を恥ずかしく思いました。

翌月から、彼は神殿の回廊で車いすを降り、少しでも「かんろだい」に近づこうと、礼拝場の畳の上をにじり寄りながら進みました。やがて八席目の終わるころには、正座に近い形で座れるようになり、座りづとめのお手も練習を重ねて、たどたどしい手つきながら振ることができるまでになりました。

いよいよおさづけの理拝戴《はいたい》の日、彼は教祖殿の最後の階段を、本部の二人の先生に両脇を抱えられて上り、奥へと進みます。私は階段下で耳を澄ませて、奥の様子を聞き漏らすまいとうかがっていると、お許しの声が聞こえたような気がしました。

そしてすぐさま、教服姿の先生に両脇を抱えられて下りてくる、おつとめ衣《ぎ》姿の彼が目に飛び込んできました。おさづけの理を無事に拝戴できたことが分かり、熱いものが込み上げてきました。私は思わず、「教祖、ありがとうございます」と、心の中で叫んでいました。

おさづけの理拝戴の場面には何度も立ち会わせていただきましたが、このときの感激は生涯忘れることができません。彼の家族は、彼も含めて五人全員がよふぼくとなり、家族の絆も確かなものとなりました。

ある日、やすお君の姉のゆみちゃんから突然、私の携帯電話に連絡が入りました。「私の住むアパートの隣の部屋に、あかねちゃんという女の子が入居したんだけど、困っているの。おっちゃん、たすけてあげて」とのことです。

早速駆けつけてみると、確かに彼女の言う通り、部屋には何もないのです。あっちこっちにお願いして善意を集めて、冷蔵庫、洗濯機、炊飯器、ガスレンジ、鍋やその他もろもろを、彼女の部屋に運び込みました。

働く所も見つかりましたが、今日《きょう》から食べてゆくお米もありません。最初の給料日まで命をつないでいけるだけの食糧を、ささやかな布教所の台所からおすそ分けしました。

父親と絶縁状態で家を飛び出してきたことを彼女から聞き、この局面を切り替えていくためにと別席を勧めました。初めて聞く天理教のお話は、渇いた彼女の心に染み込んでいきましたが、五席まで運んだとき、何かと理由をつけて約束した日をずるずると遅らせるようになりました。

あるとき、私は彼女に向かって、こう話しました。

「あかねちゃん、この別席は、おっちゃんやおばちゃんのために運んでもらっているんじゃないんだよ。おっちゃんは、お父さんと絶縁状態で、たった一人で生活しているあなたに、何とか幸せになってほしい、運命の切り替えをしてもらいたいと思って、今日まで別席のお世話をさせてもらってきたんだよ」

すると、元々純真な心の持ち主である彼女は、翌月からはまた、毎月欠かさずに別席を運んでくれるようになりました。七席目からは、同じ職場で知り合った彼氏の車でおぢばへ帰り、無事におさづけの理を拝戴しました。

やがて、その彼と結婚すると聞き、私たち夫婦は彼女の親代わりとして彼のご両親に会わせてもらいました。ご両親は結婚を快諾されましたが、「条件がありま す」とおっしゃいます。その条件とは「結婚する前に、二人であかねさんのお父さんの所へ行って、そのことを伝えてきてください」とのことでした。

その次の週の休日に、二人は大阪にいるあかねちゃんのお父さんに会いに行きました。娘を勘当していた父親も彼を見て大層喜び、この結婚を祝福してくれました。長年切れていた父と娘の絆は、別席とおさづけの理拝戴を経て、見事につながったのです。

あかねちゃんはその後、かわいい男の子を出産しました。彼のご両親も心から喜んでくれました。もちろん、をびや許しを戴《いただ》いて出産させていただいたことは言うまでもありません。

人と人との出会いは、「いんねん寄せて守護する」と仰せくださる親神様のお計らいによるものですが、その出会いに気づかずに通り過ぎてしまわないよう、一つ一つの出会いを大切に、これからも多くの人との絆を結んでいきたいと願っています。

永遠の絆

岡田一志子《おかだいしこ》
主婦・53歳・三重県鈴鹿《すずか》市

昭和六十一年七月、私は修養科第五四三期に入らせていただきました。時あたかも教祖《おやさま》百年祭の年、おぢばは活気にあふれ、幸せに満ちていました。

会長さまは、結婚して七年間子供のお与えのない私に、「ご守護をもらっておいで」と言って送り出してくださいました。修養科では、思いがけず一番組係のご命を頂戴《ちょうだい》し、私は「自分に務まるだろうか」と人間思案をしてしまいそうになりましたが、詰所の主任先生から「親神様が、あなたに母親の心になりなさいとおっしゃっているのですよ」と言っていただき、びっくりしました。自分の事情をひと言もお話ししていなかったのに、そんなふうに言っていただいたのは、まさしく親神様のお言葉だと思いました。

朝夕のおつとめに参拝させていただくと、それまで思わなかった親々に対するさんげの心が自然に湧《わ》き上がってくるのを感じ、毎日、親不孝のお詫《わ》びをさせていただきました。また、教祖殿では、おぢばにお引き寄せいただいたお礼の涙を何度流したことでしょうか。これは、真実の親のおわします親里、ぢばでしか味わえない喜びでありました。

それからちょうど一年後の八月七日、私は長男を出産させていただきました。かわいいわが子を胸に抱き、私は夫を生み育ててくれた母に感謝の涙を流しました。病室の窓から白んでいく空を眺《なが》めながら、「この空が天理まで続いているのだ」と思うと、感動で心が震えました。

私が結婚して、おさづけの理を戴《いただ》いたばかりのころ、私たちのような者に本当のおたすけができるのだろうかと悩んでいたとき、会長さまは「困っている人を教会に連れてくるだけでも、おたすけだよ」と言ってくださいました。そして、「その人がたすかるまで面倒をみる」と言いきってくださいました。神様にもたれてというよりも、私たちは常に理の親を信じきり、理の親に頼りきって歩いてきました。

私は、心のどこかで「修養科に行けば子供が授かるのでは」と、いつの日からか考えていました。そして昭和六十年の冬、とうとう「修養科に行きたい」と会長さまに申し出ました。すると、「自分がたすかりたいと思って行くのでは、ご守護は頂けない。人をたすけてわが身たすかるという、このお道を歩んでいる以上、人だすけだけを考え、一人でも修養科生をご守護いただくほうが、ずっと大切だ」という答えが返ってきました。このとき私は、なるほどと思い、涙ながらにお受けいたしました。

それから一カ月もたたないうちに、事情に悩む方が修養科に入ってくださいました。しばらくして、詰所に面会に行かせていただくと、その方が同期の方たちに、私たちのことを「親のような人だ」と紹介してくださったのです。私は、うれしくてうれしくて、「そうだ、このことを会長さまはおっしゃったのだ。自分たちの血のつながった子供を望む必要はないんだ。こうして道を通ってさえいれば、親子になれる人がいるのだもの。これ以上の幸せはどこにもないということだ」と思いました。

思えば結婚して二十八年、夫と共に、数々のご守護をお見せいただきながら、この道を歩んできました。

生まれつきの心臓病で、両親もあきらめかけていた奇跡の手術を医者がしてくれた当時三歳の女の子は、両親の別席のおかげで元気になり、いまでは一児のお母さんです。車の事故で、医者にも手のほどこしようがないと言われた男性は、奥さんの別席のおかげで奇跡の回復をし、いまも元気に働いておられます。また、どれだけ増血剤を打っても血が増えず、身体《からだ》がフラフラになっていたご婦人は、別席中、神殿を歩きながら、どんどんピンク色になっていく手のひらを見て大喜び。私たちの喜びも格別のものがありましたが、いまでは子供や孫に囲まれてお幸せです。

こうやって、おさづけを取り次がせていただいた方や、おたすけにかかわった方たちの、ご守護を頂いた姿を見せていただくときの幸せは最高です。この世の中に、これ以上の幸せはないと思っています。子をもって初めて親の本当のありがたさが分かるといいますが、私たちはこうして、理の親の通ってくださる道の万分の一でも通らせていただいて、本当に良かったと思います。

今日《きょう》は九月十六日。九年前、私の母が出直した日です。

当時、母は朝づとめに参拝した後、午前中はにをいがけに歩き、午後は仕事に行って、また夕づとめに参拝するという生活をしておりました。妹の身上のご守護を願って通っていた母は、人間思案に負けそうな日には、「私は本当におたすけをしているといえるのだろうか」と、自分を責めることもありました。それでも、自分なりに道を求めて通っていたおかげでしょう、その日の朝、教会で朝づとめが終わるや、くも膜下出血で倒れ、帰らぬ人となりました。一番心の安らぐ教会で、大好きなおつとめを勤めた後に倒れ、最も信頼する会長さまのおさづけを受けて出直していった母は、まだ六十六歳ではありましたが、ずっと充実した日々を過ごしていたと思います。

出直しのご教理のおかげで、母がいなくなっても私たちは幸せでした。けれども、三カ月を過ぎたころから、家族はみんな寂しくなってきました。そんなとき、私のお腹《なか》に赤ちゃんがいることが分かったのです。

会長さまは、「元気出しなよ。お母さんが戻ってくるんだよ。かわいがってやるんだよ」とおっしゃいました。出直しのご教理そのものをお見せいただけたのです。このときの感動は、口では言い表せません。

その日から私は、お腹の中の母と一緒にひのきしんに出かけ、にをいがけに歩くことになりました。神様は、なんてすばらしいご守護を下さるのでしょうか。私たちは喜び勇んで、心を一つにして出産の日を迎えることができました。

生まれてから一カ月目の健診のとき、「この子はビタミンKが異常に少ないので、脳内出血を起こして死んでしまうかもしれない」と言われ、まさしく母の生まれ変わりだと私は確信しました。私の心の中には、子供の身上を心配するどころか、喜びが湧いてきました。もちろん、さんげとおさづけで、数値はほどなく正常になりました。しゃべれるようになると、真っ先に、おつとめの地歌《じうた》を口ずさんでくれました。

こうして、母の魂は生き通しで、私たちはずっと母と一緒に神様の御用ができます。母との絆《きずな》は永遠につながっているのです。こんな大きな喜びを持てるなんて、母が生きていたときには思いもしなかったことです。

妹の身上をご守護いただきたいと思って別席を運ばせていただいた私たちですが、そうして通ったお道の喜びは、みんな自分たちに返ってくるのです。神様からお預かりした子供たちですから、神様にお喜びいただける人に育ってほしいと願ってきましたが、どんなときでも神様の教えを心の定規にして物事を考え、行動できるように育ってくれたと思います。親が神様の道を求めて通っていれば、子供は神様が育ててくれると信じていたからこそのことです。

これらはすべて、親神様・教祖はもちろん、理の親のおかげです。血のつながりよりもずっとずっと強い絆で結ばれているのが、理の親と子だと確信しています。生まれ変わっても、もう一度この理の親のもとにお引き寄せいただき、夫や五人の子供たち、そして父母や妹と、同じ道を歩く兄弟姉妹として巡り会いたいと思っています。

この身上をお返しする日まで、いまは亡き前会長さまご夫妻と、奥さまの祖霊《みたま》にも感謝し、お詫びしながら、少しでも会長さまにお喜びいただけるように歩んでいきたいと思っている私たちです。

しがらみを絆に

岩本《いわもと》　敏《さとし》
教会長・65歳・大阪市東住吉区《ひがしすみよし》

平成十一年六月十四日、午前八時半を回ったころのことであった。めったに新聞など読まない家内が、そのときに限って、大きな声で記事を読み始めた。

「作業所燃え、経営者重傷　東住吉
十日午前八時三十分ごろ、大阪市東住吉区の奥村《おくむら》機工商会から出火、木造二階建ての作業所兼住宅のうち、一階作業所の天井や壁約十五平方メートルが焼け、経営者が全身やけどの大けがを負った。東住吉署の調べでは、備え付けの機械を起動させたところ煙が上がり、容器に入れて近くに置いてあった洗浄油などに引火。様子を見に来た奥村さんの着衣に燃え移ったらしい」

六月十日付の夕刊である。ちなみに、うちでは長らく新聞を購読していなかったが、息子が大学卒業後、大阪心斎橋《しんさいばし》のシティーホテルに勤めるようになり、客用の新聞を翌日か翌々日に、もったいないと言って持ち帰ってくれていたのである。

私は、家内の新聞を読む声を聞くともなしに聞いていたが、どうもその人の名前が、毎月一度訪問させていただいている人と同じような気がして、急いで新聞を見せてもらい、あらためて読んでみて本当に驚いた。私がお訪ねさせていただいている方だったのである。

すぐさま自転車で奥村さんの家の隣家を訪ね、入院された病院を聞いたところ、「今日《きょう》お葬式です」とのことであった。五月二十七日に会って、いつものようにお話ししたばかりだったので、大変ショックであった。

奥村さんとの最初の出会いは、平成三年五月十日、にをいがけに回っていたときだった。奥村さんの家のベルを押したが不在のようだったので、向かいの家のインターホンのボタンを押して応答を待っていたところ、奥村さんが出てこられて「何かご用ですか」と尋ねられた。「天理教の者ですが、もしよろしかったらお話を聞いていただけませんか」と答えると、「信者獲得運動に回っておられるんですか」と、再度尋ねられた。「結果的にはそうなるかも分かりませんが、それぱかりでもないんです」と答えたところ、「そうですか。ではどうぞお入りください」と言って、家の中に入れてくださった。

中は、床が全部土間になっていた。間口《まぐち》は一間《けん》半くらい、奥行きは七、八間ほどあり、手前半分はカウンターのある事務所で、奥半分が作業場であった。

壁にもたせかけてあった折り畳み式のパイプいすを広げて、座るように勧めてくださったので腰かけさせていただいた。奥村さんは事務机の前に座って、開口一番、「私は党員ではないけれど、すべて平等という共産党の主義が好きなんです」と言われた。そこで私は、「この世の中は一見不平等のように見えますが、実はそれが平等なんですよ、と教えるのが天理教なんです」と答えた。それから思いつくままに、いろいろと話をさせていただいて、リーフレットを渡しておいとまをした。

それから毎月一度、『天理時報特別号』を持参して訪ねるようになったのだが、回を重ねるうちに、ご自身のこともいろいろと話してくださった。

奥村さんのお父さんは滋賀県大津市坂本《さかもと》の出身で、若くして大阪の名のある食堂に丁稚《でっち》として住み込みで働き、勤め上げた後にのれん分けをしてもらって食堂を営んだ。奥村さんが物心ついたときは、家の生業《なりわい》は食堂であった。

食堂というのは、食事時は大変忙しい。子供のころ、外で遊んでいて日が暮れかかってくると、一緒に遊んでいた友達が一人また一人と家に帰っていく。仕方がないから自分も家に帰る。帰ったら店はお客さんが立て込んでいて、大変忙しい。何がしかのお金を渡されて、もう少し外で遊んでくるように言われるのが常であった。

子供心に本当に寂しい思いをしながら大きくなった。だから自分は大人になったら、絶対に食堂はやらない。サラリーマンになって、家族そろって夕餉《ゆうげ》の食卓を囲む、一家団欒《だんらん》をつくるんだと思い続けてきた。そして思い通りにサラリーマンになり、結婚をしたが、子供は授からなかった。そのうえ、奥さんを四十七歳で突然亡くした。

いまの仕事（エア工具の修理）は定年後に始めた。その間、父親がガンで亡くなり、母親から父の店を継ぐように言われたが、素直に従わなかった。さらに今度は母親が病気になって、余命幾許《いくばく》もないというときに、「私の目の黒い間に、三日間だけでもいいから、お父さんのつくった食堂をしてほしい」と懇願されたが、聞き入れることができなかった。現在、食堂は弟と妹が、それぞれ独身のまま二人でやっている。姉は結婚して女の子一人を産んだが、離婚をしている。

年に一度、正月に兄弟姉妹《きょうだい》が食堂に集まって会食をするが、その帰りの車を運転しながら、自分が親の言うことを素直に聞き入れて食堂をやっていたら、弟も妹も結婚をして、それぞれ家庭を持ち、それこそ自分が望んでやまなかった一家団欒を築くことができたのではなかっただろうかと思えてきて、いつも悔恨《かいこん》の情に駆られるとのこと。

また、若いときにはいろいろと人生に悩み、生駒《いこま》山の行場で滝に打たれて修行の真似事をしたことがあったとのこと。さらにはまた、外国の作家ではフランスのアナトール・フランスに、日本の作家では中島敦《なかじまあつし》に傾倒していることなどを聞かせてくださった。

私がお訪ねすると、決まって仕事の手を休めて付き合ってくださった。私は西行《さいぎょう》法師のことなどを織り交ぜながら、いろいろお話をさせていただき、最後にはいつも「天理教の教祖《おやさま》はこういうふうにおっしゃっているんですよ」と言って、特別号を渡していた。平成五年九月十一日に伺ったときには、「天理教の教祖は、〝里の仙人〟とおっしゃっているんですよ」とお話しすると、「〝里の仙人〟ですか。良い言葉ですね」と言われて、その場でメモをされたことがあった。

また、それより以前、お訪ねするようになって間なしの平成三年十月二十八日のことであったが、家事も仕事も、何もかも一人でされ、たった一人で食事をされるのが何とも侘《わび》しいことに思えたので、思わず「侘しいですねえ」と、失礼だとは思いながらも言ってしまった。すると、奥村さんは「侘しいですよ。求めて与えられた孤独は楽しいけれど、求めずして与えられた孤独は侘しいですよ」と、しみじみ言われた。私はその言葉を聞いて、本当にその通りだと思った。人は贅沢《ぜいたく》だから、煩《わずら》わしさから逃れたいと思って一人になりたいと願う。でもそれは、元の賑《にぎ》やかさに戻れるという確約があるからである。四六時中一人ぼっちでは、年を経るごとに侘しさは増すばかりで、骨身にこたえるだろう。

平成十年六月十五日、「あなたの来られるのをお待ちしていましたよ」と言って、文庫本を二冊下さった。一冊はアンドレ・ジッドの『田園交響楽』、もう一冊は夏《なつ》目《め》漱石《そうせき》が絶賛したという、中勘助《なかかんすけ》の『銀の匙《さじ》』であった。それ以前に、私に下さるつもりで西行法師の家集『山家集《さんかしゅう》』を、書店で探したが見つからなかったと言われたことがあったが、それに代わるものであったのかもしれない。いまでは形見となってしまった。

毎月お訪ねさせていただいているうちに二、三度、おさづけを取り次がせていただこうとしたことがあったが、そのたびに「信者ではありませんので」と言って断られた。私は、「奥村さんにもやがて老いが必ず来る。その時、十歳年下の天理教の私を必要とされるに違いない。その時から始まっても遅くはない。人間には来生も再来生もあるのだから」と、自分自身に言い聞かせていたが、その時の訪れることのないままに、突然旅立ってしまわれた。

私にもっと布教力と誠真実があったなら、また違う展開があったのではないかと、いまでもそれこそ悔恨の情に駆られる。一切は親神様の御計《みはか》らいだから、抗《あらが》うことはできないのだが……。

私と奥村さんとは、ざっと計算してみると八十時間くらい、人生について、また宗教などについて語り合わせていただいた。一生のうちで八十時間も、そのようなことについて語り合うということは、親子、兄弟姉妹の間でも、そうざらにはないだろう。そう考えると、奥村さんは私にとって大変ご縁の深い方であったに違いない。だからこそ、めったに新聞など声に出して読むことのない家内が、あの日に限って、あの記事だけを大きな声で読んだのだろう。奥村さんの霊が、私に最期の別れを告げるために、そうさせたに違いない。

人と人とのつながりを〝絆〟と言うが、また〝しがらみ〟とも表現する。しがらみという言い方には、その奥に煩わしいという心が潜んでいるように思える。事実、私の心の中にも確実にある。その煩わしいと思う心を、相手を思いやる心に変える努力を積み重ねることが、しがらみを絆に変え、親神様の思召《おぼしめし》である陽気ぐらし世界に近づくための一石となるに違いないと考える次第である。

旅立ちのとき

眞武眞智子《またけまちこ》
教会長夫人・57歳・福岡県宗像《むなかた》市

天理インターを上がると、すぐにリムジンバスの姿をとらえた。少しずつその距離が縮まっていく。バスには、これからブラジル布教へと旅立つ三男・理治《まさはる》が乗っていた。バスの姿を追い続ける私に、あの日の記憶がよみがえってくる。

昭和六十一年七月、三千四百六十グラムで生まれた理治は、生後二日目から嘔吐《おうと》を繰り返し、大学病院の新生児集中治療室に入った。二週間後、退院してもなお嘔吐、便秘、高熱が続き、何度も救急外来へ駆け込んだ。

ある夜、とてつもない不安感に襲われて、理治を背負い医大へ車を走らせた。意識を失い、だんだんと体温が下がっていくのが分かる。

「教祖《おやさま》、どうぞこの子をたすけてください。きっと、どんな御用にでもお使いいただける布教師に育てさせていただきます」

泣きながら、夜の国道三号をひた走った。あのとき、私は確かにそう叫んでいた。

ヒルシュスプルング病との診断が下されたのは三カ月目、十月に入ってからのことである。手術をすれば治るという医師の言葉に、病名と嘔吐の原因が分かった安心感と、手術をしなければならない不安が広がっていく。

手術は来春。それまでの間、腸洗浄で便を出すこととなり、私がその方法を習った。肛門《こうもん》から管を入れ、体液に一番近いという生理食塩水を注入し、溶かした便を体外に出す。ドロドロに溶けた便は、ガスと一緒に管の先を震わせて飛び出してくる。布団も毛布も壁も、私の顔や髪の毛にまで便がかかった。それでも私はうれしかった。いま便が出たということは、せめて今日《きょう》一日は生きられるということである。教会行事と家事のほかに、腸洗浄と汚れ物の洗濯に追われた日々だった。

やがて八カ月目、体重も八キロになって、三月二十四日に手術が行われた。この身上は、腸の一部に神経が通っていない所があり、その前までは便が来るので、そこが巨大化してしまう。レントゲン写真には、胃袋のように膨らんだ部分と、ストローのように細い部分の大腸が写っていた。手術さえすればという医師の言葉とは裏腹に、その後も嘔吐を繰り返した。さらには、院内ではしかに感染し、転院させられ、また戻り、点滴ばかりの日々が続いた。

五月、十カ月になるのに体重は五キロのまま。うす暗い所では、抱いているわが子の顔が骸骨《がいこつ》に見えた。

医師の一人が口を開いた。

「これ以上、ここでは手の施しようがありません。このままではお母さんも心残りでしょう。どこにでも紹介状を書きます。どうぞ希望の病院を言ってください。どうそ……」

私は迷わず「天理よろづ相談所病院、憩《いこい》の家」と答えた。

「憩の家」で診ていただいた初日、診察台の上で身じろぎもしなかった理治は、薬を替えてもらっただけだったが、その日一度も嘔吐しなかった。次の日には、診察台のそばのカーテンを引っ張り笑顔を見せた。おぢばに二週間滞在し、あとは少しずつ体力を回復していけば大丈夫だと、薬の指示をもらって医大へ戻った。

その後、すい臓と肝臓にウイルスが入ったり、高熱が何日も続いたりと、心安まる日はほとんどないまま、それでも命ある喜びをいつも感じながら、十回の入退院を繰り返した。医師の言う峠《とうげ》とやらを九回越えて、やっと三歳の誕生日を迎えたその日は「おたふく風邪」だった。ケーキを前にして、ふくらんだホッペを白い包帯で包んだ写真がアルバムに残っている。

「今日も一日、生きていてくれてありがとう」

「おはよう、今日も目が覚めてよかったね」

毎夜、毎朝、言い続けてきた。

四年生まで紙おむつをしていた。病院を再び「憩の家」に替え、薬もまた替わって、一週間に一度、便を軟らかくする薬と腸のぜん動運動を促す薬とを飲み、その夜浣腸《かんちょう》をする。そのスタイルになってから、紙おむつは週末の二日間だけになった。

中学生の三年間、こどもおぢばがえりの福岡教区担当行事「ホップ・ステップ・マーチングワールド」に、少年ひのきしん隊員として参加した。その三年目のときだった。二日前に薬と浣腸で便を出し、フェリーで出発した理治は、おぢばについて後、普通に便が出始めたのである。十五歳の誕生日の七日後だった。

理治は希望していた親里高校に進み、外国語はポルトガル語を専攻した。あと一年で卒業というとき、海外研修先にブラジルが初めて加えられた。その第一回目の研修生四人の中の一人に選ばれたとき、理治が突然言い出したのである。卒業したらブラジルへ布教に行きたいと……。

私は、医大に向かって、泣きながら車を走らせたあの夜のことを思い出していた。

もしもブラジル行きを止めたら、命はないかもしれない。そのためにおいてくださった命なのだろう。喜んで送り出そうと誓った。

ＴＬＩ（天理教語学院）に進み、修養科を了《お》え、高岡《たかおか》大教会青年づとめに入らせていただいた。大教会神殿普請の準備に取りかかる、そんな千載一遇《せんざいいちぐう》の旬に青年づとめをさせていただいたのである。あちらこちらの山に入り、材木の切り出し、製材。神殿、教祖殿、祖霊殿の取り壊し。裏山を削り、整地するまでのひのきしんに携わり、平成二十年四月、一年半の青年づとめを終えて帰ってきた。それから教会長資格検定講習会後期を受講し、合間に信者宅や教会の植木の剪定《せんてい》に汗を流した。青年づとめで覚えた技である。

ブラジル出発は八月二十七日と決まった。

六畳の部屋いっぱいに広げた荷物を、大きなスーツケースに入れたり出したりしながら、それを抱えて体重計に乗る。荷物は二十三キロまでという航空会社の規程だとかで、この数日間、同じような作業を繰り返していた。

「母さん、ちょっと背中掻《か》いて!」

いきなりTシャツをめくる。

「いくつになって甘えようのね。もうお母さん、そばにいてあげられないんだよ」

「だからいま、甘えてやりようとよ」

私はいつの間にか、たくましく大きくなった背中を掻いてやっていた。旅立ちの五日前のことだった。

「母さん、ボク死なんけん……。何だかそんな気がするんよ。ボク死なんけんね」

ブラジルの日々が、決して平穏無事とは言えないことを、この子はしっかりと悟っている。中途半端な気持ちで行くのではない、大人の理治がそこにいた。この子の覚悟に応《こた》えてやらねばならない。涙を必死でこらえた。

「うん、あなたは死なないよ。お母さん、神様と談判した日があるのよ。命が危ないときは何回もあったでしょう。『もしもこの子が私より先に出直す運命の子なら、いますぐお引き取りください。思い出は少ないほうがつらくない。もしも命をおいてくださるなら、この子を神様の手足としてご自由にお使いください』って。あのとき、あなたのブラジル布教はもう決まっていたのかもしれないね。神様は命をおいてくださった。九回もだよ。……お母さんね、あなたを誇りに思ってるよ。だから頑張れ！」

背中をパチンと叩《たた》いた。

私は百円ショップで買ってきた孫の手に、「母の手」と書いて理治に渡した。

「何？　これ……」

「お母さん、ついて行けないけど、やっぱり背中はかゆくなるでしょ。そのときはこれを使いなさい」

理治は笑いながら荷物の中にそれを納めた。

リムジンバスはすぐ前を走っていた。海へと延びる空港への道路は、無表情で私たちを出迎える。それは旅立つ人々の花道であるかもしれない。ひょっとしたら理治は、生まれる前からこの道が決められていたのだろうか。

妊娠中、私はすごく主人に不足し、悩んだ時期があった。その心遣いが理治の身上となった。すべては母である私の責任だと思った。主人もまた、母であるお前がさんげせよと何度も言い放った。

理治の修養科中、私はちょうど教養掛でおぢばにいた。そのとき、主人が言うのである。

「理治が生まれてからいろいろな本を読んだ。子供は母親のお腹《なか》の中で、いついつに目ができて、いついつに胃や腸ができて……と書いてあった。俺《おれ》はその胃や腸ができるころ、お前にすごく不足をさせ、心配させてきた。理治の身上はすべて俺のせいやった。不足させるより、するほうが悪いというけど、俺はやっぱり不足させたほうが悪いと思う。この二十年間、お前と理治に心の中で詫《わ》び続けてきたぞ。本当にすまんかった」

私は声を上げて泣いた。電話の向こうで主人も泣いていた。私一人が苦しんでいたのではなかった。初めて、夫婦の心が一つであったことを感じた。

神様は、私たち夫婦の心を育てるために、理治に身上を与えて生まれ出させてくださったのかもしれない。苦しんだり悩んだりしながら、身上の中でも喜びを見つけ、神様の大きなご守護を感じながら歩ませていただいた。

身上があったからこそ、地球の裏側でも、生きてさえいればいいと喜んで送り出すことができる。

ブラジルへの旅立ちは、身上からの旅立ちのときでもあった。

二十二年間、長い長い花道を歩いて、いま、理治は世界たすけのステージへとかけ登っていく。

私たち夫婦のはるか上を飛んで行く理治に、私たちも負けてはいられない。

絆——何に向き合うか？

芝《しば》 太郎《たろう》
教会長・60歳・大阪市北区

「にらめっこしましょう、笑ったら負けよ、うんとこどっこいしょ！」

少し節を付けて、向き合った二人が掛け声を出し、しばし息を止める。ほんの小さいころを思い出す遊びの一つだ。道具も用意もいらない。単純この上なし。なのに、しばらくは飽《あ》きもしないで続けられた。相手を笑わそうと表情をさまざまに変える、というより、どんどん崩していく。友の顔のおかしさ。さらには自分で自分の顔を想像して、込み上げてくる面白さ。とうとう二人一緒に笑い転げて、これしきのことがどうしてこんなに愉快《ゆかい》なのか、とまたそれが楽しくて、おなかが痛くなるほど笑いが止まらない。今から考えると、信じられないようなのどかさだ。

にらめっこすると、相手に似るのである。向こうが不機嫌でいると、なぜだか分からなくても、なんとなくこちらも仏頂面《ぶっちょうづら》になってしまう。優しい言葉をかけられると、おのずと心が和らいでくる。

『稿本天理教教祖伝逸話篇』にいくつか載っている力比べの話。相手はいつも壮年男性の、しかも腕に自信のあるつわものばかり。教祖《おやさま》から手を握り合うよう、あるいは引っ張り合うよう求められる。いくら教祖と言えども、見た目にはお年を召された、しかもほっそりとした女性。村相撲《むらずもう》を取ってきた人、漁師を長年なりわいとしてきた人、武道で鍛えた人、そんな面々からすれば片腹痛い呼びかけだろう。しかし、教祖の仰せをお断りはできない。また半面、ふだん近づくだに恐れ多いお方の、そのお手に触れられるとは、思ってもいなかったありがたさ。

最初は、形だけでもと手加減しつつ、そろそろと腕を差し出す。ところが、教祖はぐっと迫ってこられる。おやっ、思いのほか力がおありだ、と少しこちらも入れ込む。すると、また教祖から寄せてこられる。こうしてはいられないと、本気を出す。それ以上に、教祖の力が増す。いつしか、大の力自慢が闘争本能を掻《か》き立てられて、勝負に熱中。しかし、出せば出すほどに、気張れば気張るほどに、教祖のお力は圧倒的となる。なのに、平然として笑みさえ浮かべておられる。果てしなき力とはこういうものか？　なぜか恐怖まで覚える。一体どこからこの力が湧《わ》いてくるのか？　と問うに至って、ああ、神様だ！　とようやく、いまさらに気がつく。と同時に、まいりました、お許しください、と口からは漏れている。そんな情景が思い浮かぶ。

私たちは普段、夫婦、親子、仲間同士で向き合って、ああだこうだとやり取りをする。相手がいい顔すればこちらもほころぶ。しかし、怒ってくればこちらだって負けてはいられない。いや、勝負となれば勝たねばならぬ。感情も理屈も総動員して臨戦態勢を構える。

それに対して教祖は、信仰とは、しばし人のことはさておいて、教祖に向き合うこと、神に向き合うことだよ、と教えておられるのではないだろうか？　おぢばに帰り、教祖にお会いするのは、そのためではないか？　と、ぬくもりと力の手応《てごた》えを通して実感させておられる気がするのである。

世の中の人生相談では、夫婦で、あるいは親子でしっかりと向き合いなさい、という回答をよく見かける。しかし、私の経験では、向き合ってうまくいったためしがない。むしろ、人間同士向き合えば向き合うほど、話し合えば話し合うほど、反発し背き合う。向き合う相手に似るのが人間だから、当然といえば当然なのである。初めはそれが分からず、裁判にまで付き合って苦い経験を重ねた。

昨年の四月、年輩の女性二人が修養科に入ることになった。Sさん八十二歳、Kさん六十九歳。

Sさんは二年間ほど、ほとんど寝たきりだった。植木が好きで、人からあげると言われた植木を早速持ち上げようとして、そのまま立てなくなった。背骨を損傷したという医者の診断だった。以来、独り住まいの不便さのまま、トイレにも這《は》って行くしかない状態が続いた。

そのことを漏れ聞いたKさん。すぐに訪ねて、あまりの変わりように驚いた。長年の親しい付き合いだったが、しばらく音沙汰《さた》がなく、それは無事な証拠だろうと、自分も多忙でつい連絡が途絶えたままだったのだ。もともと周りをパーッと明るくする朗らかなSさんが、口を開けば「死にたい」を連発するような人柄に落ち込んでいた。

お世話に通っているうちに、Kさんのたすけ心が勃然《ぼつぜん》と湧き出した。何としてでも、もう一度元気になってもらいたい。それには修養科しかない。

「きっとたすかるから、修養科に行きなさい」

しかし、Sさんは修養科どころか、天理教すらはっきり知らない。

「とてもじゃないが、それは無理。見て分かるでしょう。歩けもしないのに、どうしてそこまで行けるの？　何をしようと言うの？」

押し問答を重ねるうちに、Kさんは自分が覚悟を決めた。家のこと、商売のことをしばし周りに許してもらって、Sさんと共に修養科に入り、車いすの押し役となって、付きっきりでお世話をさせていただこう、と。さすがのSさんも、そこまで、それもしつこいほどに押し込まれて、断りきれなくなった。それが、二人そろっての四月修養科となったのである。

忘れもしない、四月十二日。詰所を訪ねた私の目に、部屋から食堂まで壁伝いに歩いてくるSさんの姿が飛び込んできた。エッ、あのSさんが……。修養科が始まってまだ半月もたたないのに、いま、こうして介添えもなし、杖《つえ》もなしで歩いている！　まさに信じがたい光景だった。聞けば、その裏には、Kさんの必死の叱咤《しった》激励、Sさんの全身全霊をかけた応答があったのである。

そして、無事三カ月が過ぎ、帰宅したSさんを驚きの目で迎えた近隣の人々。もはや車いすは無用の長物となり、買い物にも一人で車を押しながら出かける。すでに一年以上経過した現在、布教所の月次祭、教会の祭典には、雨が降っても電車でやって来る。教友たちと連れ立って、二十六日、おぢばに帰るのを楽しみにしている。出る言葉は喜びにあふれ、表情は本来の、いやそれ以上の華やかさに輝いている。転ばぬように気をつけながら、歩く訓練を忘れない。

事が起きたら、私たちはつい、その事に向き合ってしまう。見てしまう。何が起きたのか、どう対応すればいいのかを知るために。それは大事なことである。そうしなければ、気づかぬまま危険に巻き込まれてしまう。しかし、向き合うだけ、見るだけに終わらず、向き合い続けて見入ってしまうことがある。相手が嫌《いや》なもの、苦しいことでも、眼を離せなくなってしまう。

修養科に入るまでのSさんは、自分の病気に向き合い続け、見入ってしまっていたのではないだろうか？　なぜ、元気な私がこんな寝たきりになってしまったのだろう。あのとき、植木を持たなければよかった。私は人からとやかく言われる筋合いのないよう、人の何倍もまっとうに歩き続けてきたのに……。同じような繰り言が延々と続いたのではないだろうか？　病気に向き合い続け、見入っているうちに、ますます病気に似てしまい、病気に見入られた、というのがSさんの状態だったと推察するのである。

これは何もSさんに限らない。病気であろうと事情であろうと、つらいことなのだから眼を離せばよいものを、眼が離せない。つい見入ってしまう。そして見入られて、しまいにミイラになる。その状態から抜け出せない。誰《だれ》かが引き離そうとしてくれても聞かない。聞けない。聞こうとしない。もう、病気や事情と一体となってしまっているので、それから離されると、自分でなくなってしまうとさえ思っている。その思い込みがあまりに強いと、身近な人たちをも巻き込み、その人もミイラにする。病気や事情が家族、周囲を巻き込んでしまうのは、こういうわけではないだろうか？

幸いにして、SさんはKさんの強烈な誘いに、不承不承でも自ら重い腰を上げた。おぢばに帰って修養科に通い、毎日親神様・教祖に向き合うようになった。寝ていたら、向き合うのは病気でしかないが、修養科ではそんな暇がない。朝早くから暗くなるまで、次から次へとなすべきこと、行くべきところを指示されて、ふうふう言いながらついて行く。そして、参拝だ、おつとめだ、修練だと、何かにつけて親神様・教祖に向き合う時間ばかり。いつしか、病気から眼が離れ、聞かされる教理のままに、体だけでなく心の眼も、元のをや・実の神を見るようになる。

現代は分断の時代だと考えられる。地域のまとまりがなくなり、家族の触れ合いが薄れ、一人の部屋にこもり、一人パソコンと戯《たわむ》れ、一人食事を取る。おしなべて、この傾向を憂い、危険を論じ、対策を訴える風潮が強い。しかし私は、ようやく本来の人間のあり方に近づいてきたのではないかと考える。

元々、いのちは一人一人別個に与えられるのである。人間性の特質たる心もまた、一人一人特別に授かるのである。ただ、それだけではあまりにも寂しいし、あまりにも無力だから、家族を添えていただき、社会に囲まれるようにしつらえてくださっているのではないだろうか？

それゆえ、一人一人孤独に分断されることを恐れる必要はない。親神様・教祖と向き合うことを忘れなければ。

孤独を嫌い、孤立を避けて、いたずらに絆《きずな》を求めることに私はくみしない。そういう絆から、次の世界を切り開く希望と力にみちた可能性が生まれるとは思えない。

Kさんが教祖と向き合う中に、Sさんを放っておけない気持ちが湧き起こり、SさんもKさんに引っ張られながら、やがて教祖と向き合う安らぎと喜びに目覚め、いまや共に教祖と向き合う横並びの教友として、手を取り合って前進を目指している。この姿にこそ、これからの家族・世界を築き上げていく絆の輝きを見るのである。

親神様・教祖が結んでくださる絆

高田《たかた》とき
布教師・43歳・富山県高岡《たかおか》市

平成十三年の秋、名古屋育ちの私は、金沢に住む主人と結婚しました。その後は二人で単独布教を志し、金沢の教会から富山へ毎日にをいがけに通っていました。最初の半年間は、住む家が見つからなかったのですが、教会の奥さまから、「自分たちの家ではなく、神様のお住まいくださる場所を探すつもりで……」と声をかけていただいたところ、すぐに敷地七十坪ある家を借りることができました。

建坪三十坪余りの平屋建てで、駐車スペースは三台分。しかも、裏の空き地を畑にしてもよいとのこと。家を見つけたときの主人の第一声は、

「ここなら会長さまに来ていただいたときも、車を停《と》めていただける」

でした。

物件を見つけたとき、「貸家」の看板はなかったのですが、隣の家の人が家主さんを紹介してくださいました。家主さんに実情を話すと、こちらの希望に近い値段で借りることができました。

こうして私たちの布教生活は、〝門出の春〟に始まったのです。

教会長の娘として育ちながらも、知り合いもつてもない土地での布教は初めてでした。主人と一緒という心強さはあったものの、にをいがけに回っても相手にしてくれる人はもちろんいません。

親の徳のおかげで結構過ぎる布教地を授けていただきましたが、

「本当に、この家に誰《だれ》か来てくださるのだろうか?」

「誰でもいいから来てくれる人がいれば……」

と思いながら過ごす毎日でした。

にをいがけに回る傍《かたわ》ら、裏の空き地を耕して畑にしました。主人曰《いわ》く「神饌《しんせん》畑」。

収穫した野菜をお供えし、そのお下がりを頂くという〝自給自足の生活〟です。

もちろん畑作の経験などない私たちでしたが、

「まあ、何とかなるだろう」

と始めました。

すると、裏に住む〝堅物《かたぶつ》じいさん〟が私たちの様子を塀越《へい》しに眺《なが》めていました。

おじいさんは、

「そんなやり方じゃ駄目《だめ》だな」

とブツブツ言いながらも、丁寧《ていねい》に手ほどきをしてくださったのです。

おじいさんの指導のかいあって、夏が近づくころにはキュウリやトマト、ナスにピーマンがなりました。

「これで食べていける！」

……いやいや、

「神様のお供え物に不自由しない！」

と喜びました。

しかし、夏は忙しい時期です。当時、教会の少年会の御用を頂いていたので、一週間ほど留守にしたこともありました。

御用を終えての帰り道、やっぱり気になるのは裏の畑のことです。

「この炎天下じゃ、さすがに枯れてしまっているだろうなあ……」

と主人と話しながら帰宅しました。

ところが畑を見ると、野菜はどれもみずみずしく、生き生きとしているではありませんか。

「あれ？　いつ雨が降ったの？」

といぶかしく思っていると、裏のおじいさんが顔を出して、こう言われたのです。

「あんたら留守が続いていたから、水やっておいたわ」

おじいさんが塀越しに毎朝毎夕、わが家の畑に水をやってくださったのです。

私たちは、おじいさんに感謝するとともに、

「この生活は親神様・教祖《おやさま》に守っていただいている」

と実感し、ますます勇ませていただきました。


布教に出させていただくとき、会長さまが、これだけは必要だろうからと、教会にあった小さな冷蔵庫を持たせてくださいました。そのほかの家電製品は一切なし。洗濯《せんたく》もすべて手洗いでした。

そんな折、大企業の元エンジニアのIさんと出会ったのです。長男を身ごもって六カ月目のころで、主人の服など大きな衣類を手洗いするときは、お腹《なか》にこたえ始めていました。

それは主人と二人で戸別訪問していたときでした。

「こんにちは、天理教の者です」

とあいさつするや否や、

「宗教は一切お断り！」

と頭ごなしに怒鳴られました。

どうやら、娘さんが他宗教で大変な目に遭《あ》ってからというもの、大の〝宗教嫌い〟になったとのこと。Ｉさんは退職後、近所の人に頼まれて、自宅で家電製品の修理をしていました。

私たちが訪問したとき、Ｉさんは洗濯機の修理をしていました。その場の話の流れで、Ｉさんから、

「ところで、お宅はどんな洗濯機を使っているの？」

と尋ねられました。

主人と私は顔を見合わせながら、

「うちは洗濯機がないので手洗いで頑張っています」

と答えました。

するとさっきの剣幕《けんまく》はどこへやら、Iさんは優しい口調で、

「奥さん、お腹が大きくなってきたら大変でしょう。どんなものでもよいのであれば、探しておいてあげるよ」

と言ってくださったのです。

わが家の住所を伝え、その場を去ったものの、大の〝宗教嫌い〟とおっしゃっていたことが頭にあったので、正直言って期待はしていませんでした。

その数日後、家の郵便受けに一枚のメモが入っていました。

〈洗濯機ありました。修理部品代二千円でどうですか？　見に来てください〉

Iさんからでした。驚いて、主人と二人でIさん宅へ向かいました。

洗濯機を探してくださったこともうれしかったのですが、それ以上に、見ず知らずの人から親切にされたことが、うれしくてうれしくて仕方がありませんでした。

後日、Iさんが洗濯機の設置に来てくださいました。型は古くても、私たちにとっては何物にも替え難《がた》い宝となりました。

その後もIさんは、捨てられた家電製品を修理しては無料で譲ってくださいます。なかには、ちょっぴり〝難あり〟もありますが、本当にたすかっています。

右も左も分からない土地で夫婦二人、孤独を感じながらスタートした私たちの布教生活でした。

「人を当てにするのではなく、神様を当てにして通るように」

と会長さまから言われていました。いま振り返ってみると、親神様・教祖が不思議な絆《きずな》をたくさん結んでくださっていることを、しみじみと感じます。

家主さん、裏のおじいさん、Iさん……。ほかにもいろいろな方々との思いもよらぬ出会いがあり、たすけられたり、勇まされたりしながら今日《きょう》まで過ごしてきました。

いまのところ、親神様・教祖はもとより、周りの方々にもなかなかご恩返しができていないのですが、親神様・教祖が結んでくださっている絆を、ありがたく喜んで受けさせていただこうと思っています。

裏のおじいさんは数年前に出直されましたが、生前こうつぶやいておられたそうです。

「あの人たちは、こちらが何をしても喜ぶから、ついついしてあげたくなるんだよなあ」

おじいさんの奥さんから後日、伺った話です。

布教師としては、まだまだ未熟な私たちです。教祖のお役に、教会のお役に立つようになるのは遠い先のことですが、一日一日を喜び勇んで通り、親神様・教祖が結んでくださっている数々の絆を通して、御教えを少しずつでも発信していきたいと思っています。

どの人も、いつかきっと受信してくださると信じて――。

大きな樹に育てと、願いを込めて

齋藤信悟《さいとうみちのり》
布教師・25歳・青森市

一、

夏子《なつこ》は僕と出会った当時のことを、あまり覚えていないという。それもそのはず、彼女が初めておぢばへ帰ったきっかけは、重度のうつ病をご守護いただきたいということからだった。病気の影響なのか、当初の記憶は曖昧《あいまい》なままらしい。

平成十八年春、教祖《おやさま》百二十年祭の年に、夏子は家庭の事情が原因で心を病み、信者である母親の導きで修養科に入った。時を同じくして、大学を卒業した僕は、境《けい》内掛《だいがかり》勤務のため詰所に移り住んだ。

夏子の身上は、当分の間治らないだろうと診断された。ところが、修養科生活を通して全快のご守護を頂き、元気な姿で青森へ帰って行った。

たった三カ月で見違えるように回復した様子を目の当たりにした主治医は、眼《まなこ》を見開いて驚いていたという。

その後も夏子は、毎月のようにおぢば帰りを重ねた。病気は治ったけれど、事情のほうは複雑で、なかなか収まらなかった。つらい日々を送っていた彼女にとって、親里は心安らぐ拠《よ》り所《どころ》だった。

修養科生のころから何かと話をする機会があり、夏子が帰参するたびに、僕はいつも親身に相談に乗っていた。

そのころの僕は、天理教学の研究に思いを馳《は》せ、天理教校本科研究課程へ進みたいと考えていた。勤務の合間を縫《ぬ》って受験勉強したが思うようにはかどらず、精神的にもゆとりのない毎日を送っていた。そんなときだったからこそ、夏子の存在は僕の大きな支えになっていった。

やがて、夏子の抱える事情は少しずつ良いほうへ向かった。

一方の僕は、奮闘虚《むな》しく本科の受験に失敗した。

この先どうしようかと迷っていたが、

「夏子もいることだし、いったん実家へ帰って、あらためて今後の身の振り方を考えよう」

と思い、境内掛を辞退して青森へ帰ることにした。

何げない出来事の連続の中にも、見えないところで神様の力が働いて、行く先々に道しるべをつくって待っていてくださると思うことがある。

僕にとって夏子は、紛《まぎ》れもなく〝道しるべ〟たる存在だった。

二、

夏子を連れて実家の教会へ行き、両親に紹介した。すると、会長である父から、

「ところで、おまえたちはいつ結婚するつもりなんだ?」

と尋ねられた。そこでようやく、いま置かれている状況を自覚した。

正直、そこまで深く考えていなかったし、心の片隅には本科の受験に再挑戦したいという思いもないわけではなかった。

妹の縁談と重なりそうだったし、どのみち、いずれは教会の御用に専従する立場なのだから、いまはまだ自分のやりたいようにやってもいいいんじゃないか、とも思っていた。

それだけに、後日「子宮がんかもしれない」と夏子の口から聞かされたときは、ショックのあまり頭の中が真っ白になった。

医師から再検査を通知され、まだ診断結果が出たわけではなかったが、その可能性は高かった。

がんかもしれないという不安を抱え、悩み苦しむ夏子の姿に、僕は切迫した思いに駆り立てられ、覚悟を決めた。

本科への未練を断ち切り、「布教の家」へ入寮することを心定めした。

一人で担うには少々重過ぎる荷物を、夏子は背負って生きている。その重荷を一緒に背負う人生であってもいいんじゃないか。

教会で生まれ育った者にとって、歩むべき道の通り方としては決して間違っていないだろうし、納得できる生き方だと思った。

それからすぐに、僕は夏子の身上回復を願って修養科を志願した。三カ月の間おぢばに伏せ込んだ理が、青森で待つ彼女の元へ届くようにとの思いも込めて、身上を抱える方にひたすらおさづけを取り次いで回った。

修養科を了《お》えて帰郷すると、今度は夏子の勤め先が倒産し、このままでは生活し

ていけないという事態に陥《おちい》った。「布教の家」を了えてから結婚という予定だったが、

「これも神様からのメッセージ。早く道一条で通るようにと与えてくださったタイミングなのだ」

と話し合い、それから二カ月後の平成二十年一月、ささやかな式を挙げ、夏子は教会に来た。

バタバタと慌《あわ》ただしい中で結婚式を終えると、すぐに子供を授かった。子宮がんの疑いのある身で、子供は授からないかもしれないとお互い覚悟していた。それだけに、

「まさか……」

と感嘆の声を漏《も》らした。

「この子はきっと、一日も早く私たちの元に生まれてきたくて仕方がなかったんでしょうね」

夏子は優しく、そう答えた。

身重《みおも》の妻を教会に残し、一年間も留守にするのは不安だったが、つかの間の新婚生活の後、「布教の家」の入寮研修会のため、単身おぢばへ向かった。

三、

そんなわけで、僕はいま布教の家「青森寮」で、にをいがけ・おたすけに明け暮れている。

布教地として地元を選んだことに、いささか葛藤《かっとう》はあったものの、布教師として尊敬するある先生から、

「いずれは青森に根を下ろして〝生涯の布教地〟とする教会長後継者なのだから」

とアドバイスを頂き、それなりに納得して頑張っている。

妻の子宮がんの疑いはキッパリと晴れ、お腹《なか》の子供も順調に発育している。やが

て元気な姿で生まれてくるだろう。

この子の名前は最初から決めてある。男の子でも、女の子でも、この名前しかないと思っている。

「樹《いつき》」

妻の身上をきっかけに、生まれ育った街に根を張り、布教に歩むと親神様に約束して授かった子供。

父親である僕は、樹の根だ。喜べる心づくりをした分だけ、親神様のご守護という養分を頂いて成長するだろう。

母親である夏子は、太陽の光だ。彼女の温《ぬく》もりに抱かれ、すくすく育ってほしいという思いを込めて、「樹」と名づけるつもりだ。

布教の家での一年間、僕が頑張った分だけ、親神様・教祖に心をつないだ分だけ、夏子と樹にご守護を見せていただけると信じている。それが、いまの僕の勇み心を支えるモチベーションとなっている。

自分自身のためだけなら、布教師という肩書を背負って歩こうだなんて、きっと思わなかっただろう。妻をたすけるためであり、子供のためだからこそ頑張れるのだと、心の底から思える。

妻と子が、僕の進む道を揺るぎないものにした。ただただ、たすけたいがために歩いてきたつもりだったが、本当にたすけられていたのは僕のほうだ。ずっと支えられてきたから、ここまで来《こ》れたんだ。夏子、樹、本当にありがとう。

さあ、今日《きょう》も喜びの種蒔《ま》きだ。生まれてくる子が大きな樹《き》に育つよう、願いを込めて。

あとがき

家庭の崩壊が進み、人間関係の希薄化から来る不幸な事件が相次ぐ世の中にあって、人と人とが共に生きていくうえで失ってはならない大切なものは何か――昨年（平成二十年）五月から九月にかけて、『天理時報』紙上で募集した「絆《きずな》」をテーマとする懸賞エッセーには、お道ならではの心温まる話や、感動的なエピソードが多数寄せられました。

この本は、その百四十三編の中から、審査の結果選ばれた最優秀賞一編をはじめとする二十編の受賞作に、選外佳作二編を加えた二十二編を一冊にまとめたものです。

家族の絆、友人との絆、教友同士の絆……。この本を読まれて、現代社会で失われつつある絆の確かな存在と、その大切さを感じられたことでしょう。身近な人、大切な人との絆がしっかりと結ばれているかどうか、人と人との〝つながり〟を見詰め直すきっかけにしていただければ幸いです。

編　者

つながり合《あ》って生《い》きる　公募《こうぼ》エッセー「絆《きずな》」から

立教172年(2009年)10月1日　初版第1刷発行

編　者　天理教道友社

発行所　天理教道友社
〒632-8686　奈良県天理市三島町271
電話　0743(62)5388
振替　00900-7-10367

TENRIKYO DOYUSHA

印刷所　株式会社天理時報社
〒632-0083　奈良県天理市稲葉町80

ISBN978-4-8073-0543-8
定価はカバーに表示